子どもの実感を引き出す
授業の鉄板ネタ54

中條佳記 著

黎明書房

はじめに

　教え子が，大学を卒業し，この春から教壇に立っています。少しだけ教師の先輩である私から，少しだけお役に立てることはないかを考えました。もちろん，これまで私のセミナーに来てくださった方々，講座を受けてくださった方々をはじめ，たくさんの方々にこの本を手にとっていただき，読んでいただければ幸いです。

　これまでの経験の中で，積み上げてきた授業で使えるネタを今回は披露させていただきます。しかし，授業の基礎基本を大切にしながら，アクセントやスパイスとして，これらのネタを使っていただけることを願っています。『丸腰は危険』という言葉どおり，普段のオーソドックススタイルの授業に，ネタというアイテムを持っていることで，学級の子どもたちは楽しく学ぶことができます。どうぞご活用ください。

　この場を借りて，これまで原稿執筆のたくさんの機会を与えてくださり，鍛えてくださった奈良県の土作彰先生，山口県の中村健一先生にお礼の言葉を述べたいです。ありがとうございました。これからもよろしくお願い致します。
　最後になりましたが，初の単著発刊までお世話いただいた黎明書房の都築康予氏，佐藤美季氏に感謝申し上げます。

　　　平成 26 年 4 月 20 日

　　　　　　　　　　　　　　　　　　　　　　　　中 條 佳 記

目　次

はじめに　1

国語科

1　音読暗唱バリエーション●全学年　6
2　名ゼリフチャンピオン決定戦●全学年　8
3　学級図書館●全学年　10
4　日本一の声●全学年　12
5　図書室利用許可証●全学年　14
6　記者クラブ〇年〇組●全学年　16
7　くとうてん　どこにつけるの？●低学年　18
8　難読漢字アタック●中学年　20
9　組字づくりチャレンジ●中学年　22
10　〇へんの漢字集め●高学年　24

書写

1　鉛筆グルグル●低学年　26
2　上手く字を書くおまじない●低学年　28
3　毛筆達人への道●中学年　30
4　巨大筆で豪快に!!●中学年　32

算数科

1 長さを体感●低学年　34
2 お出かけ算数―家庭科室で計っちゃおう―●低学年　36
3 かけ算の秘密●低学年　38
4 九九音読暗唱●低学年　40
5 かけ算を具体物で教えちゃおう●低学年　42
6 計算新幹線●低・中学年　44
7 数え方の秘密●中学年　46
8 広さを体感●中学年　48
9 重さを体感●中学年　50
10 単位の秘密　重さ編●高学年　52

理科

1 何が育つかな？●中学年　54
2 ゴムゴム実験●中学年　56
3 マッスルフェスティバル●中学年　58
4 不思議な焼きそば●中学年　60
5 空気鉄砲で的当て大会●中学年　62
6 気体・液体・固体のなぞにせまる●中学年　64
7 水溶液実験●高学年　66
8 火山大噴火●高学年　68
9 雲　再現●高学年　70
10 台風の秘密●高学年　72

社会科

1 ご当地カルタ大会●全学年　74
2 地元の偉人　この人だぁれ？●中学年　76
3 都道府県つかみどり●中学年　78
4 ○年○組　水利き選手権大会●中学年　80
5 割り箸から見えるもの●中学年　82
6 都道府県　ご当地　グルメマップ●中・高学年　84
7 地球儀ビーチバレー　パスリレー●中・高学年　86
8 歴史人物　○○○○は何人？●高学年　88
9 おもしろ江戸文化●高学年　90
10 漁業と農業のコラボレーション!!●高学年　92

生活科

1 落ち葉　どんぐりクイズ●低学年　94
2 子ども郵便局●低学年　96

音楽科

1 手拍子まねっこ●低学年　98
2 この曲　な～んだ？●中学年　100

体育科

1　Sケン●全学年　102
2　天下取り●全学年　104

家庭科

鍋ふり検定●高学年　106

図工科

スクリーンを見て　描こう!!●低学年　108

道　徳

七みの言葉●全学年　110

学級活動

掃除道具の扱い方●全学年　112

国語科① 全学年

音読暗唱バリエーション

教育効果

- ●子どもたちが楽しんで活動できる。
- ●ただ声を出すのではなく，上手な声の出し方を学べる。
- ●バリエーションを変えることで，継続した活動ができる。
- ●子どもたちの滑舌が良くなり，スラスラ読めるようになる。

準備の手順

① 音読暗唱用のプリントを準備する。

★音読暗唱★

春の七草
せり　なずな　ごぎょう
はこべら　ほとけのざ
すずな　すずしろ
春の七草

秋の七草
はぎ　ききょう　くず
ふじばかま　おみえなし
おばな　なでしこ　これぞ
秋の七草

② 口の形を示した絵を準備する。

あ　　い　　う　　え　　お

③ 教師もスラスラ読めるように練習しておく。

授業の流れ

① 『今日は，音読をします』と教師は子どもたちに伝える。
② 『では，まず口の体操からします。先生に続いて，口の形を意識してやってみましょう。（口の形の絵を見せながら）［あ］，［え］，［い］，［お］，［う］』と指示する。
③ スピードを速くしたり，遅くしたりして，ウォーミングアップをし

て，口の形を徹底して，意識させるようにする。
④　『では，本番です』と言いながら，準備しておいたプリントを配付する。
⑤　教師が範読する。
⑥　『では，先生に続いて，みんなで読んでいきましょう』と言い，教師に続いて，読ませる。
⑦　『3分間，時間を取ります。それでは，スラスラ読めるようになるまで，練習していきましょう。よーいスタート！』と伝え，タイマーで時間を計る。
⑧　（3分後）『練習ストップ。ではみんなで読みますよ。さんはいっ』と言って，音読していく。

―――――――― **教師が意識して使った技** ――――――――

■まずは，範読して聞かせる。
■次に，教師に続いて読ませる。
■スピードを変えながら，繰り返し練習させる。
■3分間という時間を設定し，練習させる。

―――――― **子どもたちの実感をより引き出すテクニック** ――――――

■1つの課題をクリアしたら，次の課題を準備することで，ステップアップしていく感覚を体験させると良い。
■はっきり読む・スラスラ読む・声の大小・緩急など，工夫を示し，子どもたちが楽しみながら読めるようにする。
■無理矢理『覚えなさい』ではなくて，何度も読ませているうちに，暗唱できるようにしていく。
■映像におさめ，子どもたちと教師が客観的に見られるようにすると，レベルが上がっていく。

国語科② 全学年
名ゼリフチャンピオン決定戦

教育効果
- 子どもたちがいきいきとニコニコしながらセリフを読む。
- それぞれに読む工夫ができるし，表現読みの練習になる。
- セリフを変えることで，応用ができる。

準備の手順

① 子どもたちに読ませるセリフを見つけておく。見つからなければ，教師が言わせたいセリフを考えておく。
⇨映画，漫画，アニメ，絵本，物語などからピックアップしておく。

【セリフ例】

★『いらっしゃいませ！ 何名様ですか？』

★『出たな！ 怪人○●！ 今日はおまえを絶対に許さない！』
　＊ヒーローが悪役と対峙したときのセリフ

★『何を言ってるんだ！ 僕たち，いつまでも親友じゃないか。これからも，こんな僕をよろしく！』
　＊ケンカをしたときに仲直りをするシーンでのセリフ

② 黒板に貼る絵とセリフを準備する。 ⇨キャラクターや登場人物の顔を大きく描き，吹き出しにセリフを書きこんでおく。

③ 採点表を準備する。
⇨観点例：声（小・大，遅・速，抑揚），表情（喜怒哀楽），身体の動きをそれぞれ5点満点で評価できるようにする。

ジャッジペーパー例

名前	声	表情	動き	合計

授業の流れ

① 〈名ゼリフチャンピオン決定戦〉と板書する。
② 『今日は，このセリフを誰が1番上手に読めるかを競います』と言い，準備しておいたセリフの吹き出しと絵を貼る。
③ 『チャンピオンを決めるのは皆さんです。これよりジャッジペーパーを配ります』と伝え，配付する。
④ 『では今から先生が見本を見せますので，よく聞き，よく見ておいてください』と言い，動きも入れながら，範読する。
⑤ 『ここで，レッスンタイムです。時間は3分間です。スタート！』と告げ，ストップウォッチを押す。
⑥ 3分後，『はい，やめ！』と告げ，『では，全員で読んでみましょう。さん，はい！』と，読ませる。
⑦ 『名前を呼ばれたら，前に出てきて，演技スタートです』と告げ，順に子どもたちの演技を見ていく。
⑧ 最後にジャッジペーパーを回収し，後日結果を発表する。

教師が意識して使った技

■教師が見本を見せること。
■練習の時間を決めたこと。
■全員参加であることを認識させること。
■セリフ選びを子どもたちの実態から考える。

子どもたちの実感をより引き出すテクニック

■女子が男性，男子が女性のセリフを言う設定は盛り上がる。
■中性的なキャラクターのセリフを選ぶと，誰もが楽しめる。
■本番前に演技指導を入れる（教師は映画監督のような出で立ちである）と，子どもたちの実感が引き出される。

国語科③ 全学年 — 学級図書館

教育効果
- あらゆるジャンルの本を子どもたちが読める。
- 授業に活かすことができる。
- 子どもたちが本に興味を示す。
- 持ち出し禁止にすることで、プレミア感が増す。

準備の手順
① 本棚や棚の上にブックスタンドを立て、学級文庫を準備する。
② 教師が、子どもたちにとって、教育効果が期待できる本を配置する。
③ 子どもたちから、置いてほしい本をリクエストさせる。
④ 教師が持っている学級文庫に相応しい本をチョイスし、配置する。

授業の流れ
① 『今日は学級文庫の本を増やすことにしました』と教師は言いながら、1冊(旅行誌、グルメ雑誌、小説、電車にまつわるもの、スポーツ雑誌、絵本、教育的価値の高い漫画など)を紹介する。
② 『この本を教室の学級文庫に置いておきます。読書の時間や休み時

間に読んで構いません』と伝える。
③ 以後，少しずつ説明を加えながら，学級文庫を増やしていく。
④ 子どもたちは読みたい本を手に取り，自席で読むようになる。
⑤ 慣れてきたら，子どもたちに読みたい本のアンケートを取ったり，リクエストを募っても良い。
⑥ 係活動を利用し，『図書係』の活動を充実させると良い。

教師が意識して使った技
■子どもたちの興味がある本をリサーチする。
■本の紹介をしたり，読み聞かせしたり，絵を見せたりして本への興味を高める。
■学級の係活動の活性化を促す。
■あらゆるジャンルの本を置く。

子どもたちの実感をより引き出すテクニック
■市町村の図書館へ行き，館内の雰囲気やどんな本が置かれているのかを写真で撮影し，子どもたちに見せる。
　⇨図書館の方の許可が必要なので，カウンターで必ず声をかける。
■夏休みや冬休みなどの長期休業時には貸し出しカードを作り，子どもたちがどの本を借りていったかをリサーチ＆管理する。
　⇨学級内の蔵書数にもよるが，1人2〜3冊程度の貸し出しが良い。
■子どもたちが本に興味を持てば，家庭で『○○を買ってもらったよ』や『図書館で○○を見つけたよ』，『図書館で○○を読んだよ』など，教師に情報が入るので，学級のみんなにそれらの紹介と報告をする。
　⇨子どもたちが家庭から本を持って来てくれることもあるが，家庭との連携と了解を必ず得ることが大切である。

国語科④ 全学年 日本一の声

教育効果

- ●声を出すことに集中できる。
- ●普段あまり大きな声が出せない子もチャレンジできる。
- ●互いに切磋琢磨できる。
- ●バリエーションを変えることで，楽しみながらできる。

準備の手順

① 測定器を準備する。（写真）
② 数値をまとめておく。
　（授業中や休み時間の室内，戦闘機，ジェット機，電車の高架下など）
③・普段から大きな声の子どもを確認しておく。

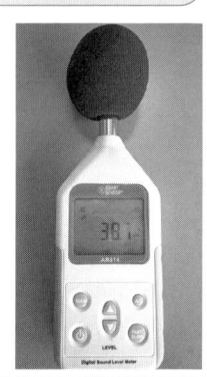

授業の流れ

① 『今日は，○年○組　大声選手権大会を行います』と伝える。
② 『ルールは簡単です。（マイク型測定器を登場させながら）このマイクに向かって，言葉を言うだけです』と続ける。
③ 『では，先生がやってみます』と言い，大声で『おはようございますっ!!』と叫び，数値を発表する。
④ 『それでは，チャレンジしてみたい人??』と呼びかける。
⑤ チャレンジした子どもの数値を発表し，『君の声は，ジェット機のエンジン並みでしたね』などと声をかける。
⑥ 最後に，『今日の大声チャンピオンは○○　○○さんでした。次回をお楽しみに〜』と話して，チャンピオンに拍手を贈り，終える。

教師が意識して使った技

■やってみせること。
■自ら立候補させること。
■みんなで賞賛すること。
■大会にして,誰でもチャレンジできる雰囲気をつくること。

子どもたちの実感をより引き出すテクニック

■目安となる具体例を示してやると,自分の数値で声がどのくらい出ているのかわかる。

　　　120 dB（デシベル） → 　戦闘機並み　全国レベル
　　　100 dB → 　ジェット機並み　○○県レベル
　　　 80 dB → 　電車高架下の音並み　○○市町村レベル

■立候補者全員を前に並べて,1人ずつ言わせていくと,大会が進んでいるような感じになって面白い。
■大きな声が出ている子の様子を見て,喉から出しているのか,腹から出しているのかをアドバイスすると良い。
■休み時間にも使用可能にすると,チャレンジできなかった子どもたちが集まってきて,チャレンジしようとする。
■言葉のバリエーションを変えると面白い。

　「お母さ～ん　いつもありがとう！」
　「今日の給食　おいしかったよ～！」
　「○○さ～ん　大好きだぁーーー！」

国語科⑤ 全学年
図書室利用許可証

教育効果

- ●図書室での子どものマナーが良くなる。
- ●図書室での本を探す時間が速くなる。
- ●図書室での本の探し方が上手になる。
- ●利用許可証を大切に持ち，図書室を利用する際の意識が高まる。

準備の手順

① 図書室でのマナーや使い方について，子どもたちと話し合う。
② 本の探し方や配置などを確認する。
③ 試験問題を作成し，準備する。
④ 許可証用の子どもたちの写真を撮影しておく。

授業の流れ

① 『今日は図書室に入るための試験を行います』と教師は言いながら，試験用紙を配付する。（次頁参照）
② 『これまで，マナーや使い方，本の探し方について，みんなと話をしてきましたね』と言い，『図書室に入室できるように頑張って書いていきましょう』と伝える。
③ 試験をスタートする。
④ 試験後，用紙を回収し，採点する。
⑤ 合格者には，図書室利用許可証を配付する。
⑥ 定期的に，試験を実施し，意識を持続させる。

◆図書室利用許可証◆
あなたはテストに見事合格されましたので図書室を使うことができます。
これからもたくさんの本を読んで大切にしていってください。
平成２６年度
３年１組　担任　中條　佳記

許可証例

─── 教師が意識して使った技 ───

■独自の試験問題を作成する。
■手作りの許可証を作成する。
■ただ図書室に行くのではなく、行くことに価値づけをしたこと。
■図書室でのマナーを子どもたちに考えさせること。

━━━━━ 子どもたちの実感をより引き出すテクニック ━━━━━

■教室で疑似体験させる。［騒がしいのと、シーンとしているのと］
■許可証を子どもに手渡し、図書室に行く際は必ず携行させる。
■朝の読書タイムを設け、図書室利用法を実際に体験させる。
　⇨例えば、5分間集中して読書し、本の借り換えも1回までと条件をつけるなど。
■座り方の配置を考える。　⇨出席番号順や、背の順や、自由席など。
■許可証を免許証のごとく、作成する。
　⇨ラミネートしておくと長く使えて良い。

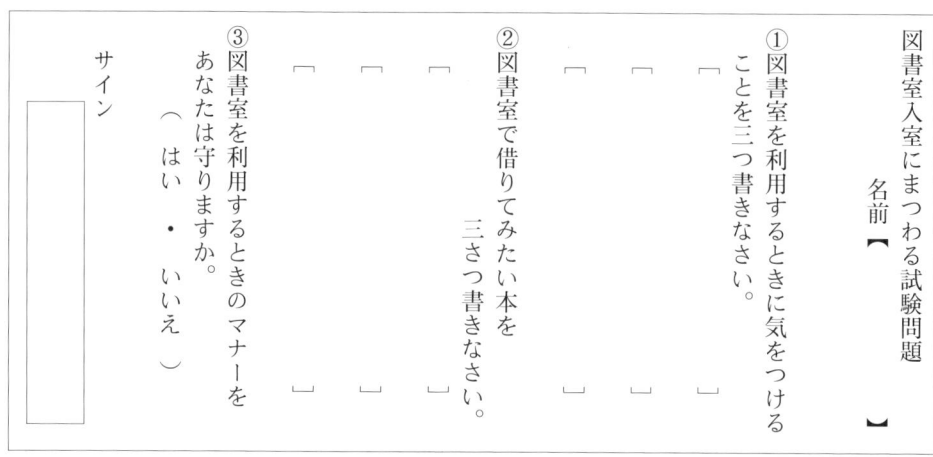

国語科⑥ 全学年
記者クラブ○年○組

教育効果

- インタビューする力を養える。
- メモを取る力がつく。
- 知り得た情報をまとめることができるようになる。
- 楽しみながら,活動できる。

準備の手順

① メモ帳を準備しておく。
② 腕章を準備しておく。
③ 先生方や学校外のインタビュー予定者にアポを取っておく。
④ 学級の子どもたちをチームに分けておく。

授業の流れ

① 『今日は皆さんに記者になってもらいます』と伝え,腕章を見せる。
② 『この腕章をつけて,必ずインタビューをしましょう。ではこれから,自分たちが訊いてみたいことをチームで話し合いましょう』と指示する。
③ 話し合いの時間を確保し,十分に打ち合わせをさせる。
 (誰に,どんなことを訊いてみたいのか)
 ⇨その際に,机間巡視をし,それぞれのチームにアドバイスをする。
④ 『では,これより,シミュレーションを始めます。○班の人は前に出てきてください』と指示する。
⑤ 『先生をインタビューする人と思って,インタビューしてください』と告げ,実際にインタビューさせる。

⑥　アドバイスをそのグループの子どもたちにする。
　（より具体的に，詳しく説明していく。）
⑦　後日，インタビューして集まった情報を1枚の新聞にまとめる。
　　⇨その際に，新聞タイトル，内容（大見出し，小見出し，記事，グラフや表）のアドバイスは行う。

―――――― **教師が意識して使った技** ――――――
■記者になりきらせるための小道具を準備すること。
■チームで取り組ませること。
■情報収集の結果を見える化すること。
■事前のアポを必ず取ること。

―――――― **子どもたちの実感をより引き出すテクニック** ――――――
■チームごとに違うテーマでインタビューさせると面白い。⇨好きな食べ物，好きな動物，好きな色，どうして～～～なのかなど，質問事項を予め話し合って，打ち合わせしておく必要がある。
■デジカメや録音機材などを持たせると，リアルな記者の感じが出る。
■編集の際に，写真などがあると，よりわかりやすく情報を伝えられるようになる。
　⇨インタビューしている様子や具体的な対象物など。
■マイクを準備しておくと良い。
　⇨100円ショップに，おもちゃのマイクが販売されている。

国語科⑦ 低学年 くとうてん　どこにつけるの？

教育効果
- 句読点の打ち方を楽しく学べる。
- 句点「。」と読点「、」の大切さがわかる。
- 文を書くときに，自分で考えて句読点を使えるようになる。

準備の手順

① 文を模造紙に毛筆で書く。（幅15cm，長さ1m）

　　例●ぼくはこのまちがだいすきだ。
　　　●よしこのいえにきめた。
　　　●わたしがようしをとってくる。
　　　●もうここははなれなさい。

② マジックペン（水性）を準備する。

③ 下のようなワークシートを準備する。

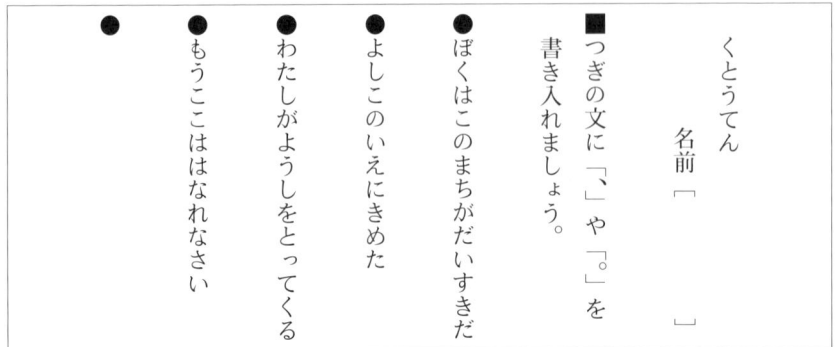

授業の流れ

① 『今日は，みんなになぞの文を持ってきたから読んでほしいの』と

教師は言いながら、1枚目の模造紙を登場させる。
② 『先生が読んでみるから、みんな聞いててね』と伝え、範読する。
③ 『じゃあ、みんなで読んでみましょう。さんはいっ』と指示する。
④ 『あれぇ？　何だか変だよね〜この文。どうしたら読みやすくて、わかりやすくなるのかなぁ』と問いかける。
⑤ 子どもたちからの意見をたくさん聞く。
⑥ 『そうかっ！　区切って読めばいいんだね。じゃあ、区切るために点をつけるよ』と言い、『ここかなぁ？』と問いながら、マジックペンで読点をつけていく。
⑦ 『文の最後には、やっぱりこれだね』と言いながら、わざとらしく大きな【○】をつける。「○が大きすぎるよ、先生」と子どもたちの声。
⑧ ②〜⑦を繰り返し、最後に『では今からプリントを配るので、やっていくよ』と言い、ワークシートを配付する。
⑨ 『最後の●は、点や丸を使って、文を作ってみましょう』と伝える。

── 教師が意識して使った技 ──
■注目させる模造紙に直筆。
■手作りワークシート。
■子どもにツッコませるボケを入れる。

──── 子どもたちの実感をより引き出すテクニック ────
■子どもたちが考えた文を紹介するのも楽しくて盛り上がる。
■教科書で扱われている文をコピーし、句読点を消して、印刷し、子どもたちのワークシートとして活用しても良い。
■文をすべてひらがなで書くと、句読点の大切さがわかる。さらに、既習の漢字を使用して書くようにすると、さらに文の意味が読み取りやすくなることを実感できるようにすると良い。

国語科⑧ 中学年 　難読漢字アタック

> **教育効果**
> - 子どもたちの挑戦しようという気持ちを高める。
> - 地域学習にもつながる。
> - 難しい漢字を読めるようになることで，自信がつく。
> - 次々と新しい問題にチャレンジしていくようになる。

―― **準備の手順** ――

① 住んでいる地域（都道府県，市町村）の難読地名を集めておく。
　例：奈良県編
　　帯解　京終　平城山　平群　斑鳩　畝傍　耳成　榛原　曽爾　吉隠
② Microsoft社のPowerPointを用い，上記の漢字をスライドに1枚ずつ大きな字で入力しておく。
③ 日本全国の難読地名も集めておく。
④ 漢字のみで書かれた文を1文だけ準備しておく。
　文例：和多四野尾羽地波，素具知科九似亜理真州。

―― **授業の流れ** ――

① 『今日は，漢字の勉強をします』と教師は子どもたちに伝える。
② 『今から漢字で書かれた文を皆さんに紹介しますので，読んでみてください』と続けて，伝える。
③ 板書した「準備の手順」の④の文を示しながら，子どもたちに読ませてみる。
④ 『このような文字のことを「当て字」と言います』と伝える。
⑤ 『では今から，奈良県に実際にある地名をこのスクリーンに映して

いきます』と告げる。

授業の流れ

■難読漢字を読ませることによって，子どもたちの漢字への関心を高める。
■大きなスクリーンに映し出す。
■子どもたちにとって，身近に感じる漢字を準備しておく。

子どもたちの実感をより引き出すテクニック

■奈良県，近畿地方，日本全国とエリアを広げていき，数多くの難読漢字を集めると良い。
■半紙に毛筆で難読漢字を書いて，提示しても面白い。
■日本生まれの国字をチョイスしても面白い。
■当て字と難読漢字のつながりを詳しく説明すると，読みにはいろいろな種類があることを実感できる。
■水書板に太筆で難読漢字を書いても良い。
■町中で撮った写真なども即座に提示できるとわかりやすい。

※仮名・ローマ字表記は消してあります。

国語科⑨ 中学年

組字づくりチャレンジ

教育効果

- 子どもたちが，漢字について興味や関心を持つようになる。
- 既存の漢字と空想の漢字の区別がつくようになる。
- 友達同士，情報交換ができ，新しい発想が生み出される。
- 漢字のつくりの面白さに気づくことができる。

準備の手順

① 漢字辞典，国語辞典を子どもの人数分，準備しておく。
　⇨家にある場合は，子どもたちが持参する。
② 【へん】【つくり】【読み】【音】【訓】などのフラッシュカードを作っておく。
③ ワークシートを準備しておく。

```
組字づくりチャレンジ1
　　名前〔　　　　　〕
　┌───────┐
　│　　　　　│
　│　　　　　│
　│　　　　　│
　└───────┘
読み　　音　　　　訓
意味
```

授業の流れ

① 黒板に白チョークで，大きく【峠】と書き，『この漢字を読める人はいますか』と問う。
② 『これは「とうげ」と読みます。山の上りから，下りになるところという意味です。日本で作られたので，こういう字を国字と言います』と説明する。
③ 『では，これは読めますか』と問い，【畑】と大きく書く。
④ 『そうです。これは「はたけ」と読みます。秋に稲を収穫した田を

焼いているのを見たことがありますか？　それがこの字の元になっていると言われている国字です』と説明する。
⑤　『ではこれから、みんなで、国字ではなく、○年○組の組字を作っていこうと思います。今から配るワークシートに自分で考えた漢字を書いていきましょう』と言い、ワークシートを配付する。
⑥　最後に、『出来上がった漢字はこの世にある漢字かどうか、辞書で調べてみましょう』と伝え、確認させる。
⑦　子どもたちが考えた漢字（組字）を発表し、どうしてその漢字を作ったのかなど、意見交流をする。

教師が意識して使った技
■板書で例を示して、見える化をはかる。
■ワークシートを活用し、一人一人に考えさせる。
■友達の意見や考えをお互いに聞き合い、学びをより深くする。
■組字というオリジナルのネーミングで子どもたちの意欲を高める。

子どもたちの実感をより引き出すテクニック
■組字づくりに慣れてくれば、［へん］や［つくり］、［かんむり］などの部首を限定し、組字づくりにトライさせてみても面白い。
■ワークシートを部首別に印刷しておき、子どもたちに選ばせても面白い。
■教師は漢字辞典や広辞苑を準備しておき、子どもたちには実際に存在する漢字かどうかを手持ちの辞書でチェックさせる。
　⇨もし載っていなければ、『○○さんが考えた漢字は、この世に新しく誕生した漢字ですね』とみんなで認めてあげると良い。

国語科⑩ 高学年

○へんの漢字集め

教育効果

- ●子どもたちが漢字に興味を持つ。
- ●さまざまな漢字を学習することができる。
- ●バリエーションが豊かで,応用することができる。
- ●漢字を書くだけではなく,読みも習得することができる。

準備の手順

① 基本となる漢字(にんべんやさんずいへんなど)をピックアップしておく。
② まずは,魚へんの漢字をいくつかリストアップしておく。
　鯖,鰆,鯛,鮫,鮪,鰯,鮭など。
③ 上記の漢字をPowerPointで見せられるように,用意しておく。
④ 読み仮名も合わせて,提示できるようにしておく。

授業の流れ

① 『今日は,漢字の勉強をします』と教師は子どもたちに伝える。
② 『今から漢字を見せますので,読みがわかった人は手を挙げましょう』と続けて,伝える。
③ 1枚ずつ見せていき,読み仮名を確認していく。
④ 上記の7文字をすべて終えた後に,『他に魚へんの漢字って,ないでしょうか』と問う。
⑤ 『今から3分間計りますので,できるだけ多く見つけて,ノートに書いていきましょう』と告げる。
⑥ 魚へんの漢字を隣の子と確認させ,さらに全体へ広げていく。

教師が意識して使った技

■魚へんという子どもたちにとって身近な漢字を用いたこと。
■難しい漢字もあるが，親しみやすいことを大切にして，進めていく。
■知らなかった漢字を短時間で習得することができるように効果を高める。
■子どもたち同士のつながりを重要視し，学び合わせることに力を注ぐ。

子どもたちの実感をより引き出すテクニック

■他の漢字（テーマ）を示すことで，さまざまな身近な漢字を再確認し，自分の力で書いていくことができる。
■特別な読み方を提示することで，より漢字に興味を持たせることができる。
■全員が発言できるように配慮することで，学級全体が学ぼうとしている雰囲気を作ることができる。
■子どもたちからリクエストを取り，例えば【○○さんからの○○○へんの漢字】という風にすると，学習意欲が高まる。

『魚』へんに，
『有』るで，
「まぐろ」と読む。

書写① 鉛筆グルグル
低学年

教育効果
- 子どもたちの鉛筆の持ち方を矯正できる。
- 正しい鉛筆の持ち方をして，字を書く練習ができる。
- 簡単なので，いつでもチェックできる。
- 子どもたちは，自分でチェックができるようになる。

準備の手順

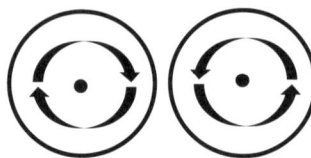

① 六角形の鉛筆を準備する。
② 鉛筆の先を削って，尖らせておく。
③ 鉛筆の先に刺す回転板（時計回り，反時計回りの両方）を準備する。（画用紙で直径15cmを1つ，直径5cmを児童数分，作っておく）
④ 大きな鉛筆（大人の手で持てる大きさ）も準備しておく。

授業の流れ

① 『皆さん，今日は鉛筆の持ち方が上手になる魔法を教えます』と教師は子どもたちに伝える。
② 『先生の手を見ててくださいね』と続けて，準備しておいた六角形鉛筆（先には回転板付き）を登場させる。
③ 鉛筆を時計回りにクルクル回転させ，『では，反対に回転させます』と言いながら，反時計回りに回転させる。
④ 『こうやって，鉛筆を回すには秘密があります』と伝え，『実は上手に鉛筆が持てている人は回せます』と続ける。
⑤ 人差し指と親指で鉛筆を挟み，中指を鉛筆の後ろからそっと支えて，持ち方を子どもたちに見せる。

⑥ 『後ろの人まで見えなかったら困るので，特別に今日はこんなものを準備しました』と言い，大きな鉛筆を登場させる。

⑦ ⑥のやり方で，子どもたちに持ち方を見せる。

⑧ 実際に回させてみて，練習し，その持ち方のまま，字を書かせる。

教師が意識して使った技

■回転板を付け，どちらに回転しているかがわかるようにした。
■鉛筆の持ち方がわかるように，大きな鉛筆を準備した。
■子どもたちが試してみたくなるような言葉（魔法，秘密，特別などの言葉）を使った。
■持ち方を丁寧に説明するため，1つ1つの所作を確認しながら進めた。

子どもたちの実感をより引き出すテクニック

■うまく回転させられない子どもへは，まずは時計回りだけできるようにゆっくりと指導する。
■子どもの手に教師の手を重ねて回してみると，より実感できる。
■両回転させることができた子どもたちへは，バインダークリップを準備し，鉛筆を挟んで正しい持ち方の定着をはかる。
■回転板は裏表印刷しておき，自分で回しながら，回転を確認できるようにしておく。

バインダークリップで挟んだ鉛筆

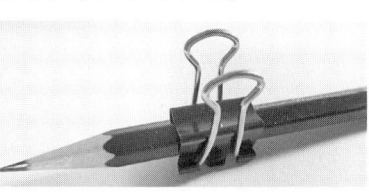
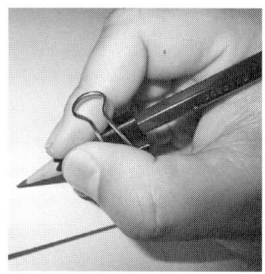

書写② 低学年
上手く字を書くおまじない

教育効果
- バランスよく字が書けるようになる。
- 子どもたちに書けるという自信がつく。
- もっと書いてみたいという意欲が出てくる。
- 物を大切にする。

準備の手順

① 書き方鉛筆を学級人数分，準備する。なければ，6Bの鉛筆で良い。
② 鉛筆を削っておき，すぐに使えるようにしておく。
③ なぞり書きとその下に練習できるプリントを準備する。
④ おまじないを書いた巻物を準備しておく。
　（巻物には，「こ と ば ふ は は お か し」と書いた紙を貼る。）

授業の流れ

① 『今日は，みんなが上手に字が書けるようになるおまじないを教えます』と伝える。
② 巻物を登場させ，『この巻物を見るのじゃ』と仙人気取りで言いながら，子どもたちに見せる。
③ 『「ことばふははおかし」がおまじないじゃ。3回唱えてみよ。さん，はい！』と言い，子どもたちに唱えさせる。
④ 『覚えられたかな？　では，説明していきます』と言い，おまじないの言葉を1つ1つ説明していく。
⑤ おまじないの説明
　　こ……濃く，と……止め，ば……バランス，ふ……太く，

は……はね，は……はらい，お……大きく，か……観察，
　　し……姿勢。

⑥　『では，おまじないを唱えながら，プリントに書いていきましょう』
　と指示し，活動に入る。

━ 教師が意識して使った技 ━

■巻物を使い，視覚的に訴えたこと。
■おまじないを用い，正しく字を書くことを学ばせる。
■書き方用の鉛筆を使うことで，太く濃く大きい字が書ける。
　⇨６Ｂが良い。

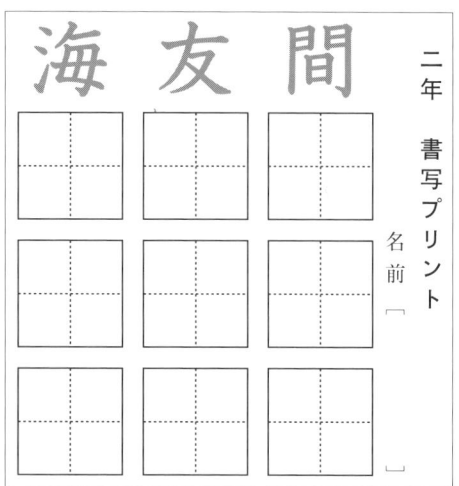

━━━━━ 子どもたちの実感をより引き出すテクニック ━━━━━

■鉛筆を持たせず，説明すると，「書きたい」「書いてみたい」という気持ちを高めることができる。
■じっくりゆっくり書いて，教師が見本を見せることが大切である。
■実際に字を書くことで，子どもたちは実感できる。

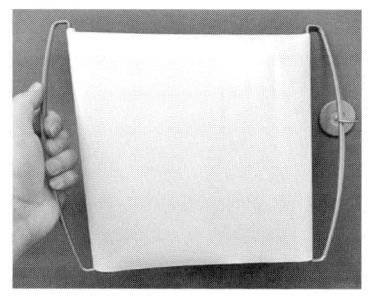

巻物

美しい字を書くおまじない
一、濃く
二、止め
三、バランス
四、太く
五、はね
六、はらい
七、大きく
八、観察
九、姿勢

書写 ③ 中学年

毛筆達人への道

教育効果

- ●子どもたちの書いている字がうまくなる。
- ●筆の持ち方が良くなる。
- ●子どもたちの意欲が高まる。
- ●自分自身の作品を自分で比較できる。

―― **準備の手順** ――

① 手本を準備する。
② 子どもたちに配付する。
③ 名前を書くスペースを空けさせる。
④ 手本を半紙の下に敷かせる。

―― **授業の流れ** ――

① 『さぁ,今日は○○を書いていきます』と教師は言いながら,筆を取り出す。
② 『この筆で書きます』と言いながら,『皆さんに見ていただきましょう。今日練習するのは,この字です!』と言って,子どもたちに水書板を見せる。
③ 止め,はね,はらい,バランスに気をつけながら,見本を見せる。
④ 『上手に写せる人は,名人です』と言いながら,子どもたちに練習させていく。
⑤ 書き上がった作品を残しておき,さらに3~4枚程度,書かせる。
⑥ 作品を残しておき,次の時間は自分の字を手本にする。

─ 教師が意識して使った技 ─
- ■子どもたちの目の前で書くこと。
- ■水書板を用いたこと。
- ■手本を下に敷かせ，書かせること。
- ■前と今の作品を自分で比較させたこと。

─ 子どもたちの実感をより引き出すテクニック ─
- ■手本のとおりにバランスよく書けると自信になる。
- ■手本を写すことで，子どもたちは少しずつ上達した字が書けるようになってきていると実感する。
- ■手本を下に敷き続けると，自分の力で書きたくなってくる。
- ■書いた作品を後ろに掲示すると，先週と今週の字を比較できる。
- ■1文字，2文字，3文字，4文字と，徐々に習字の難易度レベルを上げていく。
- ■使っている教科書に出てくる文字をベースにするが，チャレンジさせてみたい文字をチョイスしてみるのも面白い。
- ■漢字，ひらがな，カタカナと，文字の種類を変えると，面白い。
- ■子どもたちの映像を撮っておき，姿勢（足の位置，背筋の伸び，手の置き方，頭の位置）や筆の持ち方，筆の運びなどを見て，学び合う。
- ■太筆の扱いに慣れてきた頃に，小筆の練習も取り入れる。子どもたちの名前を準備しておき，それを小筆でなぞる練習をする。
- ■背面掲示のタイトルを【毛筆達人への道】と題し，掲示しておく。
- ■鉛筆持ちや絵筆持ちなどの持ち方を経験させることで，毛筆持ちで書いた方が，より安定して書けることを実感させる。

書写 ④ 中学年 巨大筆で豪快に!!

教育効果

- 子どもたちが書道に興味を持つ。
- 迫力のある字を目の前で見ることができる。
- 書いてみたいという意欲を喚起できる。
- 全紙を使い，作品を学級全員がかかわって作ることができる。

準備の手順

① 甲州画仙の全紙（70×136.3mm）を1枚準備する。
② 硯に墨汁を入れておく。
③ 机や椅子を教室横へ移動させる。
④ 教室中央部に子どもたちの書道用下敷きを敷き詰めておく。

授業の流れ

① 『さぁ，今日はみんなで一枚の作品を書くよ』と教師は言う。
② 『まずは，先生が書いてみます』と言いながら，教室中央部の下敷きの上に全紙を置く。
③ 全紙中央部に縦書きで，【○年○組　全員の書】と巨大筆を取り出して書く。
④ 子どもたちに筆を持たせ，言葉と名前を書かせていく。
⑤ 全員書き終わったところで，黒板に貼り，作品を鑑賞する。
⑥ 感想を言い，聴き合う。
⑦ 書き上がった作品を後日，教室後方の壁に掲示しておく。

―教師が意識して使った技―

■教室環境を変化させたこと。
■全紙，巨大筆を用いたこと。
■全員に書かせたこと。
■教室に掲示すること。

――――子どもたちの実感をより引き出すテクニック――――

■巨大筆を使わせてみる。
■書いている映像を撮っておき，後で見る。
■半紙に予め，書く文字と名前を練習させておく。
■数枚準備しておき，違うテーマでまた書いても良い。
■教師は全紙を持ちあげ，子どもの大きさと比較してみる。
■子どもが使っている筆と巨大筆とを比較してみる。
■オリジナルの印を準備し，作品の隅に押すと，より作品らしさが出る。
■子どもたち全員で墨を擦る場面から授業に入ると，集中力が増す。

巨大筆とその作品

算数科① 低学年

長 さ を 体 感

教育効果

- mm，cm，mと長さのイメージを持たせることができる。
- 自分の身体や友だちの身体を使って，長さを認識できる。
- 具体物を活用することで，知識が定着する。
- 楽しみながら，学習に参加できる。

―― 準備の手順 ――

① 1mの竹差しを人数分準備する。
② 30cmの竹差しも人数分準備する。
③ 紙テープを準備する。
④ 教室内で計測できるものをピックアップしておく。

―― 授業の流れ ――

① 『今日は長さの勉強をします』と伝える。
② 教師は両手を広げ，『先生の手の端から端まで，どのくらいの長さでしょう』と発問する。
③ 子どもたちが持っているものさしで測らせてみる。
④ 『1mって，どのくらいの長さかな』と適当に切った紙テープを持ち，子どもたちに考えさせる。「このくらい」と手で表させる。
⑤ 実際に測ってみて，1mのイメージを持たせる。
⑥ 『便利な道具がここにあるんだよ』と告げ，1mの竹差しを登場

させる。子ども「うわぁ，長いなぁ」。
⑦　『では，1mと30cmの竹差しを使って，友だちの身長を測ってみましょう』と言い，活動を開始する。

―――――――――― **教師が意識して使った技** ――――――――――
■具体物である1m，30cmの竹差しを使わせる。
■子どもたちにとって身近である教師や友だちの身長などを測らせる。
■長さのイメージを持たせる。
■協力して，1つの活動を成功させる。

―――――――― **子どもたちの実感をより引き出すテクニック** ――――――――
■教室内の物（黒板，ロッカー，窓，机など）を竹差しで測らせる。
■1m差しを1人1本渡し，2人で協力すると2本使えるようにする。
■教室の縦，横，床から天井などを実際測ってみせる。
　⇨子どもたちの協力を呼びかける。
■廊下の幅や全長などを測っても面白い。
　⇨授業中であることを考慮し活動するか，休み時間などを利用すると良い。
■1mm，1cm，1m，それぞれの長さを紙テープで実際に子どもたちに見せることで，長さのイメージを定着させる。

算数科②
低学年

お出かけ算数
―家庭科室で計っちゃおう―

教育効果

- ●自教室ではない場所での授業のため，学習意欲が高まる。
- ●家庭科室でのマナーを確認できる。
- ●グループでお互い協力する大切さを学ぶ。
- ●計量カップや水を使うことで，子どもたちにとって身近なものとなる。

準備の手順

① 家庭科室の空き状況を確認し，調整する。
② 家庭科準備室や算数教室から計量カップや水槽（1000 ml），ストップウォッチを準備しておく。
③ グループ分けをしておく。（各班4人ずつが妥当）
④ 教室にて，事前に家庭科室入室後のルールを確認しておく。

授業の流れ

① 『今日は家庭科室で算数の勉強をします』と伝え，『ルールを守れる人は？』と訊く。
② 教室後ろに整列し，家庭科室へ向かう。
③ 入室後，『5分間で，この3種類の計量カップを使い，1000 ml の水槽をいっぱいにします』と説明する。
④ 説明後，各班から道具を取りに来させる。
⑤ 『では，よーいスタート！』とタイムを計り始める。
⑥ 全グループが終了した時点で，どのように計って 1000 ml の水槽をいっぱいにするのか実演する。

── 教師が意識して使った技 ──

- 事前のルール確認。
- 学習環境の変化（教室移動）。
- 実体験とコミュニケーション。
- 時間制限を設けたこと。

── 子どもたちの実感をより引き出すテクニック ──

- グループ内で全員が参加できるように活動回数を増やす。
- 事後の意見発表で，メタ認知させる。
- 水の代わりに牛乳やコーヒー，オレンジジュースなどを用いても良い。
- 計量スプーンなどを使うと，料理するときに役立つことがわかる。
- ml（ミリリットル），dl（デシリットル），l（リットル）などを計れるいろいろなカップや水槽を用いて，体感させると良い。
- 計量をマスターさせるために，グループから代表1人を決め，『では今から計量マスター選手権大会を行います』と言い，『では，カップを持ってください。今から先生が言う量の水を5秒以内に計って机の上におきます。では，始めます！　まずは〜〜〜 250 ml』などと言う。出場メンバーを変えていっても面白い。

算数科③ 低学年
かけ算の秘密

> **教育効果**
> ●定着しにくい【かけられる】【かける】の関係がはっきりわかる。
> ●かけ算で押さえておくべき内容をしっかり学べる。
> ●子どもたちが「あっ！」とすぐに思い出せる。
> ●子どもたちにとって，かけ算がより身近に感じられる。

―― **準備の手順** ――

① 大きな皿を準備する。
② フラッシュカード4枚を準備する。
　⇨【かけられる】【かける】【かけられる数】【かける数】と書く。
③ オムライスの写真（お皿に乗る程度の大きさ）を準備する。
④ ケチャップを準備する。

―― **授業の流れ** ――

① 『これから，かけ算の勉強をします』と伝え，準備しておいた大きな皿を取り出す。(P.43参照)
② 『では，この皿にこれを置きます』と言いながら，写真のオムライスを置く。
③ 『続いて，ケチャップをかけます』と告げ，ケチャップを取り出し，かける真似をする。
④ 『さて，ここで問題です。オムライスは，どちらでしょう』と問い，フラッシュカードの【かけられる】【かける】を見せる。
⑤ 『では，ケチャップは？』と問い，フラッシュカードで確認する。
⑥ 『皆さんはオムライスを食べるとき，ケチャップを先にお皿にかけ

る人はいませんよね。これ，かけ算も一緒なんです』と説明する。
⑦　『オムライスは先にお皿に置いてあり，【かけられる】，ケチャップは後から【かける】のです。つまり，かけ算も【かけられる数】×【かける数】となります』と説明を続ける。

━━ 教師が意識して使った技 ━━
■実物を準備して，興味関心の喚起。
■身近な食べ物を取り上げる。
■フラッシュカードに注目させる。

━━━━ 子どもたちの実感をより引き出すテクニック ━━━━
■ぬいぐるみと小さな布を準備し，【かけられる】と【かける】の関係を説明しても良い。
　⇨ぬいぐるみ，小さな布に，数字を貼っておき，『この絵が表すかけ算の式は？』と問うと，集中して子どもたちは見るようになる。
■オムライス以外でも，食べ物や調味料を準備しても良い。
　⇨食品を扱う場合は，慎重に事を進めることをおすすめする。
■例題を黒板に書き，その場で子どもたちに確認すると理解度は上がる。
　⇨例：黒板に３×７と大きく書き，下線を引き，その下に【かけられる】【かける】のフラッシュカードを貼るとわかりやすい。

算数科④ 低学年　九　九　音　読　暗　唱

教育効果

● 簡単に誰でも取り組める。
● 繰り返し行うことで，九九を覚えられる。
● 九九を工夫して唱えることで，楽しみながら覚えられる。
● ペア学習，グループ学習など，バリエーションを変えて学習できる。

---準備の手順---

① 九九の学習は，すべて終えておく。
② $1×1$から$9×9$までを印刷したプリントを準備する。
③ 模造紙に九九を書いて，黒板に貼る。
　⇨直接，黒板に書いても良い。また，九九を印刷した紙を黒板に貼りつけたり，ＰＣからスクリーンに映し出しても良い。

---授業の流れ---

① 『今日は九九の勉強をします』と言う。
② プリントを配付する。
③ 『今配ったプリントを見ながら，声に出して唱えていきます。練習時間は，3分間です。よ〜いスタート！』と言い，タイマーで3分間計る。
　⇨この間に，模造紙を黒板に貼っておく。
④ 『では全員で言いますので，先生に続いて言っていきましょう』と伝え，模造紙の九九を指しながら，範読し，続いて言わせる。
　⇨教師が，1の段をすべて言ってから，子どもたちが言う，2の段を教師が言ってから，子どもたちが言う，というような繰り返しをする。

⑤ 『では少しスピードをあげますよ』と言い，先程よりスピードをあげて九九を範読し，続いて言わせる。

― 教師が意識して使った技 ―
■3分間という時間の制限。
■模造紙を貼り，見える化。
■繰り返し練習する。
■読み上げ方の工夫をする。

― 子どもたちの実感をより引き出すテクニック ―
■一人一人が言っていける時間を確保すると良い。
■普通，高速，超高速とスピードを上げていくと良い。
■声を高く，低く，大きく，小さくなど工夫をすると面白い。
■時間を計り，タイムトライアルの形式を取ると，盛り上がる。
■前を向きながら，横を向きながら，後ろを向きながら，眼を閉じながら，など，読み上げ方の工夫を重ねていくのも良い。

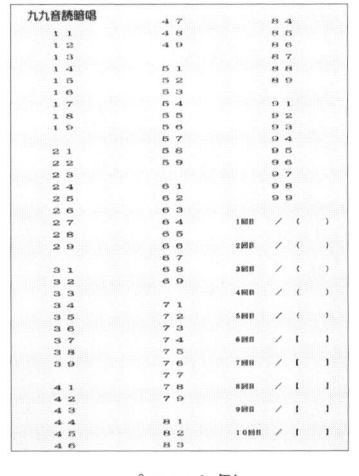

プリント例

算数科⑤ 低学年 かけ算を具体物で教えちゃおう

教育効果

- 身近な物を扱うことで子どもたちの学習意欲が高まる。
- 手にとって作業ができる。
- 隣同士，またはグループで協力できる。
- １×１から９×９までの九九に対応できる。

準備の手順

① 100円ショップで，たこ焼きのトレイを９枚購入しておく。
② 100円ショップで，卓球ボール（白）を81個購入しておく。
③ 卓球ボールに黄土色のスプレーをふりかけ，上から刷毛でソースがかかっているように黒色を塗る。
④ 鉢巻きや法被，前掛けなどを準備し，店主のような衣装になる。

授業の流れ

① 衣装に着がえて，『さぁ，いらっしゃい！』と威勢の良い声を出しながら，教師は入室する。
② 『これから，たこ焼きかけ算をします！ さぁ注文してくださいよ～』と言う。
③ 「たこ焼き○個を○皿ちょうだい」と○の中の数字を言わせ，トレイに乗せる。
④ 『はい！ お待ちどおさま。熱いから，気をつけて持って帰りや～』と言って，子どもに渡す。
⑤ 『さて，このたこ焼きの数を求める式は，どうなりますか？』と教師は問う。

⑥　子どもたちは,「○×○＝○です」と答える。

── 教師が意識して使った技 ──
■衣装を着て,雰囲気を作った。
■たこ焼きなど,子どもたちにとって身近な物を扱った。
■具体物を使うことでの体験的活動。
■前に出て,チャレンジしてみたいという意欲喚起。

────── 子どもたちの実感をより引き出すテクニック ──────
■子どもたちが好きな物で数を数えたくなる物を準備する。
　（アメ玉,植物の種,鉛筆,クリップ,ビー玉など）
■全員が実際に作業できるように,人数分もしくはグループ分を準備して,使わせると良い。
■疑似物より本物を使うことで,子どもたちの実感は増す。
■〈かけられる数〉と〈かける数〉を説明するときに,たこ焼きやオムライスなどで説明すると良い。

オムライス（かけられる数）　　　　ケチャップ（かける数）

算数科⑥ 低・中学年

計算新幹線

教育効果

- 計算力が上がる。
- 子どもたちの意欲が高まる。
- 楽しみながら，学習を進めていくことができる。

準備の手順

① あらゆる新幹線の写真を準備する。
（北海道・東北・秋田・山形・長野・上越・北陸・東海道・山陽・九州）
② 四則演算のプリントを準備する。また，それぞれの答えも準備しておく。問題数20問。制限時間20秒。
　プリント作成例：①加算のみ　②減算のみ　③乗算のみ　④除算のみ（あまりなし）⑤除算のみ（あまりあり）⑥加減混合　⑦乗除混合　⑧加乗混合　⑨減乗混合　⑩加除混合　⑪減除混合　⑫加減乗混合　⑬加減除混合　⑭加減乗除混合
③ 新幹線の呼び名を調べ，難易度が高いプリントほど，【のぞみ】や【みずほ】などに設定する。
　（のぞみ・ひかり・こだま・みずほ・さくら・つばめ・はやぶさ・はやて・やまびこ・なすの・あさま・こまち・とき・つばさ）
④ キッチンタイマー（カウントダウンができるもの）を準備する。

授業の流れ

① 『これより計算新幹線のスタートです！』と伝える。
② 新幹線の呼び名を紹介しながら，写真を黒板に貼っていく。
③ 『それでは，自分がやってみたい新幹線の問題プリントを取ってい

きましょう。一斉に始めます』
と説明する。
④ 『制限時間は20秒間です。よーい始め』と言い，キッチンタイマーで計測する。
⑤ 『そこまで！』と打ち切り，前に貼っておいた答えを見させながら，答え合わせをさせる。
⑥ 時間内に20問終わらせ，さらに満点だった人はその新幹線はクリアとし，次にチャレンジさせる。またクリアできなくとも，違う新幹線問題にチャレンジできる。

―――――― **教師が意識して使った技** ――――――
■制限時間を設けたこと。
■新幹線を扱い，子どもたちの興味関心を高めたこと。
■チャレンジしてみようとする動機づけができる。
■答え合わせを子どもたち自らできるようにする。

―――――― **子どもたちの実感をより引き出すテクニック** ――――――
■チャレンジシートを作成し，新幹線の問題が終わるごとに，クリアした新幹線の写真をプレゼントする。
■問題数を増やしたり，制限時間を短くしたりと，バリエーションを増やすことができる。

計算新幹線 のぞみ

1. $9 \times 8 + 7$　　11. $15 + 2 \times 7$
2. $3 \times 6 - 5$　　12. 7×6
3. $4 + 2 \times 8$　　13. $1 \times 5 + 3$
4. $7 - 2 \times 3$　　14. $30 - 9 \times 3$

チャレンジシート例

算数科⑦ 中学年 　数 え 方 の 秘 密

> **教育効果**
> ●ものを数えるときには，ものごとに数え方があることを知る。
> ●身のまわりのものの数え方を正しく理解することができる。
> ●あれこれと興味を持って，ものの数え方を追究しようとする。

準備の手順
---

① 実物を準備しておく。
　　鉛筆（本），消しゴム（個），ものさし（本），定規（本）
　　帽子（個・枚・点），机（台・脚・基・卓・前）
　　椅子（脚・台・個・本），窓（枚・個・つ），黒板（枚・面）

授業の流れ
---

① 『今日は数え方の勉強をしていきましょう』と言う。
② 教師は準備しておいた鉛筆を取り出し，『さてこの鉛筆はどうやって数えるのでしょうか』と発問する。子ども「1本」「1つ」「1個」。
③ 『正解は1本，2本……と数えます』と説明する。
④ 『では，これはどうでしょうか』と言いながら，消しゴムを取り出す。
⑤ 『答えは1個，2個……と数えます』と説明する。
⑥ 『では，これらはどうでしょうか』と学校の黄帽子と水泳帽を取り出し，子どもたちに見せる。
⑦ 『実は同じ帽子でも，数え方が違うものがあります。まず，黄帽子は1個，2個……と数え，水泳帽は1枚，2枚……と数えます』と伝え，『どうしてか，わかりますか』と問う。

⑧ 『(水泳帽を見せながら) 実は, 折りたためてぺったんこになるから「枚」と数えます。また, お店に売られていると数え方がまた変わりますよ』と説明する。

⑨ 『1点, 2点……と数えるようになります』と説明し, 『身のまわりのものには, いろいろな数え方があります。他にもどんなものにどんな数え方をしているのか探っていきましょう』と締めくくる。

―――――― **教師が意識して使った技** ――――――

■予想させたり経験を思い出させたりしながら, 授業を進めていく。
■実物を準備したこと。
■身のまわりのものを用意したこと。
■数え方の意味を説明し, これからの学習につなげようとしたこと。

―――――― **子どもたちの実感をより引き出すテクニック** ――――――

■黒板や窓, 机や椅子などの教室備品も含めて, 数えてみると面白い。
■烏賊, 海老, 魚などを冷凍しておき, 教室で子どもたちに見せて, 数え方を学習すると, より実感がわいてくる。
■珍しい数え方や難しい数え方のものを揃えておくと, 盛り上がって意見が活発に出てくるようになる。例：握り鮨1貫 (1個もしくは2個), 烏賊1杯。
■子どもたちが家から持参したものをクイズにすると学級全員で楽しい学習になる。

　＊参考文献：飯田朝子著, 町田健監修『数え方の辞典』小学館。

算数科⑧ 中学年 広さを体感

教育効果

- ㎠, ㎡, ㎢, a, ha の広さのイメージを持たせることができる。
- 自分の身体や教室を使って,広さを認識できる。
- 具体物を活用することで,知識が定着する。
- 楽しみながら,学習に参加できる。

準備の手順

① 1㎠, 1㎡の広さの紙を準備しておく。
② 運動場に白線で1a（10m×10m）の□を書いておく。
③ ビニールテープもしくは養生テープを準備しておく。

授業の流れ

① 『今日は広さの勉強をします』と伝える。
② 教師は準備していた1㎠の紙を見せ,『先生が持っているこの紙の広さを1㎠（平方センチメートル）と言います。さん,はい！』「1㎠（平方センチメートル）」と言わせる。
③ 『では次に,この紙はどのくらいの広さなのでしょう』と伝え,1㎡の紙を見せる。
④ 『1つの辺が1mのこの紙の広さは1㎡（平方メートル）と言います。さん,はい！』「1㎡（平方メートル）」と言わせる。
⑤ 『実は,広さのことを面積と言います。1辺が1kmのこの□の面積は1㎢と書き,1平方キロメートルと言います。』
⑥ 『では,今から運動場に出てみましょう』と告げ,全員で運動場へ出てみる。

⑦　1aの広さの□の中に入り，『では，みんながいるこの□の面積はいったいどのくらいだろう』と問う。

⑧　「測ってみよう」「大体，○平方メートルくらいかなぁ」と子どもたちは口々に発言する。

⑨　『この面積を1a（アール）と言って，1辺が10メートルの四角形の広さです』と説明し，『今日は書けませんでしたが，1辺が100mの四角形の面積を1ha（ヘクタール）と言います』と続ける。

教師が意識して使った技

■実際の面積を表したものを提示した。
■運動場に描かれた四角形から実際の面積を体感させる。
■段階をおって，紙を順に披露していった。
■黒板に，ポイントを絞った面積の単位などを書いた。

子どもたちの実感をより引き出すテクニック

■教室内の物（黒板，ロッカー，窓，机など）を竹差しで測らせ，面積を計算させると面白い。
■教室の面積や床のタイルの面積も計算してみると面白い。
■用紙を準備し，グループごとに，別々の紙の面積を考えさせるのも良い。
■校内で面積を知りたい場所などを出し合うと，活動が活発になる。
■帰宅後，家の中で面積の知りたいところを測る宿題を出すのも面白い。

算数科⑨ 中学年
重 さ を 体 感

教育効果
- 重さの単位である「g」,「kg」,「t」について理解できる。
- 重さを実感し,知識を得ることができる。
- 具体物を活用することで,知識が定着する。
- 楽しみながら,学習に参加できる。

準備の手順
① 1円玉を1000枚準備する。
② 風呂敷に10.5kg分の重さになるように紙束とおもりを仕組み,包んでおく。
③ 計量できるはかりを準備する。
④ 体重計を準備する。

授業の流れ
① 『今日は重さの勉強をします』と伝える。
② 体重計を登場させて,近くに子どもたちを集める。
③ 袋(写真)を見せ,『この袋を持ってみたい人?』と投げかける。
④ その後,はかりで測り,中に入っている1円玉を見せ,『さて,1円玉は何枚入っているでしょう』と問う。
⑤ 『正解は1000枚の1円玉が入っています』と説明し,『つまり,1枚=1g, 1000g=1kgとい

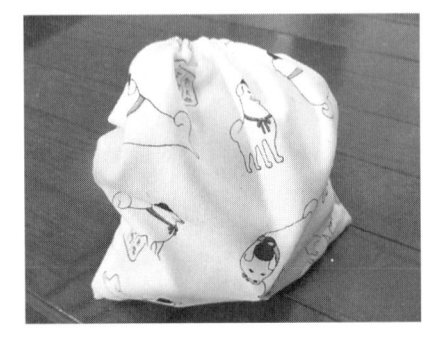

うことなのです』と続ける。
⑥ 『続いて，この包みを持ってみたい人はいますか』と言い，準備しておいた風呂敷包みを取り出し，子どもに持たせる。
⑦ 『(風呂敷包みを見せながら) これは，1万円札が1000枚入っているのと同じ重さです。1000万円。10.5kgあります』と説明する。

=== 教師が意識して使った技 ===

■具体物である1円玉（1000枚），1万円札の代わりのおもちゃの子ども銀行券などの紙束を準備した。
■子どもたちにとって身近なお金を扱うことでより実感が増していく。
■実際に活動を取り入れ，頭を使うだけでなく，体感することで知識の定着につながる。

=== 子どもたちの実感をより引き出すテクニック ===

■子どもたち同士で体重を測らせ，g表記，kg表記，t表記など，単位を変えて表現すると面白い。
　⇨体重については，子どものことを尊重し，測れる子を中心にする。
■全員に重さを体験してもらうために，1円玉1000枚の見本を複数分準備しておくと良い。
■学級の子どもたち全員の体重を合算し，出た数値と1t＝1000kgとを比べてみる。

算数科⑩ 高学年 単位の秘密　重さ編

教育効果

- 既習の重さの単位を復習できる。
- 日本とともに，世界で使用されている単位を知ることができる。
- 日本古来の単位も学ぶことができる。

準備の手順

① 既習の【mg】【g】【kg】【t】の他に【オンス】【ポンド】【匁】【斤】【貫】のフラッシュカードを作成しておく。

② 1匁＝3.75g，1斤＝160匁＝600g，1貫＝1000匁＝3.75kg，1オンス＝28.35g，1ポンド＝16オンス＝453.6g であることもメモしておく。

③ ボクシンググローブ，肉の塊の写真を準備しておく。

④ 中身が見えない袋を4枚準備し，それぞれに3.75g，28.35g，453.6g，600g分の砂を入れておく。

授業の流れ

① 『今日は重さについて勉強します』と伝え，【mg】【g】【kg】【t】のフラッシュカードを貼る。

② 『これらの単位はこれまでに習ってきましたよね』と言いながら，準備しておいた袋を取り出し，『では今，先生が持っている袋の重さはどれくらいでしょうか』と問う。

③ 子どもたちに持たせてみて，予想を訊いてみる。
④ その後，『これは，3.75gの砂が入っています。実は昔の日本人はgではない単位でこれを表しました』と告げ，黒板に【匁】を貼り，【もんめ】と書く。
⑤ 『では，これらはどうでしょうか』と告げ，残りの3つを子どもたちに持たせてみて，ノートに予想を書かせる。
⑥ フラッシュカードをそれぞれ貼り，『これが28.35g，これが453.6g，これが600gです』と1つ1つ持ち上げながら言い，【ポンド】【オンス】【斤】を貼り，どれがどの単位かを予想させる。
⑦ 『では，正解を発表します』と言い，それぞれの袋とその重さを表す単位のフラッシュカードを提示する。
⑧ 『実はこの【斤】の上に【貫】という単位もあるんですが，これは3.75kgです』と説明する。
⑨ 最後に，写真を見せながら，『このようなものに使われる単位です』と説明する。

ボクシンググローブはオンス　　肉の塊はアメリカではポンド

━━━━━━━ **教師が意識して使った技** ━━━━━━━

■実際の重さの袋を準備した。
■写真を見せることで，具体的なイメージにつながった。
■紹介した単位を黒板に整理し並べることで，よりわかりやすく見せた。

━━━━━━ **子どもたちの実感をより引き出すテクニック** ━━━━━━

■自分の体重をポンドやオンス，匁表示で計算させてみる。

理科 ① 中学年

何が育つかな？

教育効果

- ●植物の種をじっくり観察するようになる。
- ●植物を大切に育てようとする気持ちを育む。
- ●花が咲いたときに、その花の名前を調べようとする。
- ●実際に植物を育てるという実体験ができる。

準備の手順

① 5種類の花の種を購入する。（学期中に開花するものが良い）
② 栽培用の土と植木鉢（人数分）を準備する。
　⇨ 植木鉢は、低学年で使用している場合、それを活用する。
③ 観察用のワークシートを準備する。
　種→子葉→本葉→花と順に観察できるように準備しておく。

授業の流れ

① 『これから、皆さんにはある植物を育ててもらいます』と伝え、種を見せる。
② 『5種類の植物の種を準備したので、どれか1種類育ててみたい種を選びましょう』と言って、子どもに選ばせる。
③ 『選んだ種をよ〜く観察して、今から配るワークシートに書いておきましょう』と言い、ワークシートを配付する。
④ 書けた時点で『ではこれから、

土を植木鉢に入れて，軽く水を撒き，種を植えていきましょう』と言って，作業に入る。
⑤　最後に水をやって，作業を完了する。
⑥　『どんな花が咲くのか，楽しみですね。これから大切に育てていきましょう』と伝え，今後につなげる。

教師が意識して使った技

■育てる種を選ばせる。
■ワークシートに記録させる。
■花が咲くまで，育て続ける意欲を喚起させる呼びかけをする。

子どもたちの実感をより引き出すテクニック

■花の写真をランダムに見せ，『こんな花が咲くんだよ』と子どもたちに伝え，イメージさせる。
■追肥をして，育てるためのコツや工夫も見せるようにする。
■観察した日付を必ずワークシートに書きこむようにさせる。
■花が咲いた後，種の収穫までできれば，再び観察できる。
■咲いた花を収穫し，押し花にしてラミネートすると，作品が出来上がる。

↑菜の花　　　　　　　　　　ムスカリ→

理科 ②
中学年

ゴムゴム実験

教育効果

- ●身近なものを使って，実験する。
- ●物の性質を知ることができる。
- ●実際に見たり，触れたり，感じたりできる。

準備の手順

① 輪ゴムを1箱準備する。
② 平たく大きいトレーニング用のゴムを準備する。
③ マジックペンとドライヤーを準備する。
④ 観賞用のゴムの木を準備する。

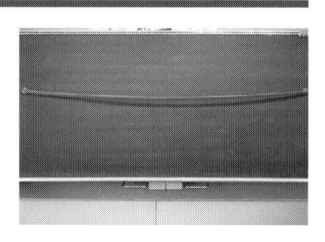

使用したトレーニング用のゴム

授業の流れ

① 『今日の実験は……，ゴムゴム実験です』と伝える。
② 輪ゴムを1本取り出して，『これは輪ゴムです』と言い，ビヨーンと伸ばしたり，縮めたりする。
③ 『これって，いつ，どんなときに使いますか』と問う。
④ 『では，このゴムって，何でできているのでしょうか。3択問題です』と問い，『1．土　2．海の水　3．樹液』と選択肢を述べる。
⑤ 『正解は……3です』と答えながら，ゴムの木を登場させる。
⑥ 『実はこのゴムには，秘密があるのです。他の物と少し違う性質を持っています。その実験をこれから皆さんにお見せしますね』と告げ，実験の準備をする。
⑦ 液体を教卓に広げ，指でねっていく。（子どもたちを前に集めて実

験する)

⑧ 次に教室のドアの上からトレーニング用のゴムをぶら下げ、下におもり(ペットボトルに水を入れた物)をつけて、伸ばしておく。

⑨ 伸びているゴムにマジックペンで文字を書き、そこにドライヤーの風(熱風)をかける。⇨ゴムは縮まろうとする。

⑩ 『ゴムは伸びたり、縮んだりする性質を生かして、みんなの身近なところで役に立っているのですね』と説明する。

教師が意識して使った技

■身近なものを使っての眼前実験&本物の準備をする。
■クイズ形式を取り入れる。
■前日までに予備実験をしてからの本番。

子どもたちの実感をより引き出すテクニック

■トレーニング用の大きめのゴムを急に伸ばした状態で、すぐに頬に当てると温かく感じる。
　⇨伸ばしたら、縮まろうとして、分子が激しく動いて熱を持つから。
■ゴムを使って、ロケットや紙飛行機を作って飛ばすと、面白い。
　⇨教室ではなく、広い場所で人に当たらないように気をつける。
■ラテックスゴムの液体原料を見せ、実際に液体を子どもたちに見せ、『ゴムの原料がこれだよ』と説明すると、より実感が引き出される。

(ただし、アレルギーがある子どももいるので、配慮が必要である。)

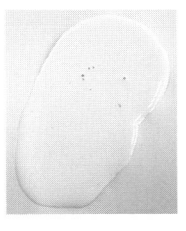

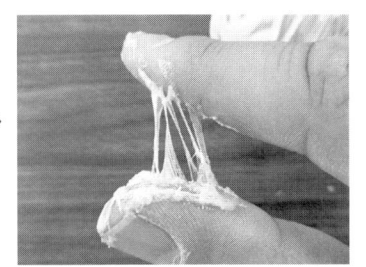

ラテックスゴム

理科 ③ 中学年

マッスルフェスティバル

教育効果

- ●身体中に筋肉があることがわかる。
- ●筋肉の動きがよくわかる。
- ●家庭にある物で実験ができる。
- ●実際に筋肉に触れてみることで、知識の定着につながる。

準備の手順

① 市販されているさけるチーズを準備し、学級の人数分、裂いておく。
② 食紅とお湯を準備し、紙コップに入れておく。
③ ①のチーズを裂いて、紙コップの中につける。
④ 取り出して、乾かしておく。

授業の流れ

① 『皆さんに見せたい物があります』と伝え、色づいたチーズを取り出して、子どもたちに見せる。
② 子どもたちを前に集める。
③ 『これは、皆さんの筋肉です』と言い、端をつまんで、曲げ伸ばししてみる。
④ 『この動きをしている筋肉があるのは、身体のどの部分でしょう』と問う。
⑤ 先生が腕を曲げてみて、『ここです』と笑顔で力こぶを指さす。
⑥ 『皆さんの身体には、たくさんの筋肉が

あります。その筋肉の動きや働きについて，勉強していきましょう』と言い，自席に戻す。
⑦ 『では，ここ以外に，どこに筋肉がありますか？』と問い，実際に身体を動かして，筋肉を探していく。

=== 教師が意識して使った技 ===
■前に集めて，一点集中直視法。
■身体を動かす活動。
■具体物の提示。
■オープンエンドの筋肉さがし。

=== 子どもたちの実感をより引き出すテクニック ===
■鶏の筋肉が見えているので鶏肉（ささみ）を使用しても良い。ただし，チーズも鶏肉も，食材なので，慎重に扱う。
■太ももの筋肉が身体の中で，最も大きいことも伝えると良い。
■模型を利用し，筋肉だけでは動かず，筋肉→腱→骨とつながっていることも確認し，説明する。
■顔にもたくさんの筋肉があり，表情を作っていることを知らせる。
■筋肉には，骨格筋（主に筋肉と呼ばれているもの），平滑筋（自らの意志では動かせないもの），心筋（心臓の筋肉）と3種類あることを伝えても面白い。

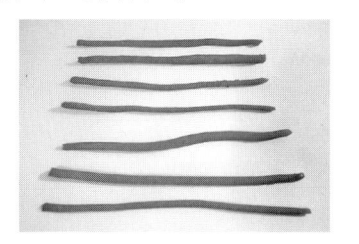

さけるチーズを食紅で加工　　　　鶏肉（ささみ）

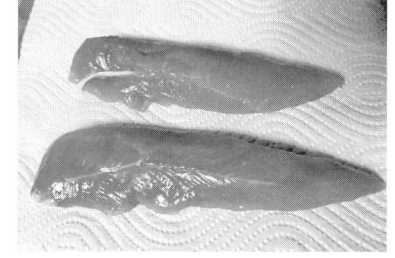

理科 ④ 中学年 — 不思議な焼きそば

教育効果

- 化学変化を子どもたちは目の当たりにする。
- どうして身近な物の色が変化するのかを学習できる。
- 子どもたちの身近な物には，化学変化が利用されていることを知る。
- 化学実験を間近で見ることで，学習への興味関心が高まる。

準備の手順

① ホットプレート，料理箸，紙皿を準備する。
② 市販の焼きそば麺をザルにあけておき，少量のサラダ油を準備する。
③ ウスターソースを透明のボトルに移し替え，カレーの粉末を薬包紙で包んでおく。
④ 理科室が使えるように，整えておく。

授業の流れ

① 『今日は不思議な実験をみんなに見せます』と伝え，ホットプレートが見えるところに子どもたちを集める。
② 麺，サラダ油，カレーの粉末，ウスターソースをテーブルの上に登場させる。
③ 『では今から，実験を始めます』と言い，ホットプレートにサラダ油を広げ，麺を炒めていく。
④ 『さぁ，味つけをしていきます』と言いながら，カレー粉末をかけていく。

⑤ 全体に粉末が絡むと，麺の色が赤に変わる。
⑥ 『ここに魔法の液体をかけます』と伝え，ウスターソースを麺にかけていく。
⑦ 「え〜色が変わった!!」と子どもたちが反応したところで，座席に戻らせ，解説を始める。

―――――――― **教師が意識して使った技** ――――――――
■実験（調理）を間近で見せる。
■食べ物を扱い，身近感を出す。
■子どもの驚きを起こさせる。
■視覚効果，嗅覚効果，聴覚効果を期待し学習を進める。

―――――――― **子どもたちの実感をより引き出すテクニック** ――――――――
■フライパンと簡易ガスコンロを準備して麺を炒めると，迫力とともにインパクトがアップする。
■炒めた後の麺を試食させてあげても良い。
　（ただし，食べ物を扱うため，注意が必要である。）
■焼きそば麺には【かんすい】が含まれており，それにカレー粉末に含まれる【ターメリック】や【ウコン】などが反応し，変色することを押さえておくと良い。

解説図

焼きそば麺　→　カレー粉末　→　ウスターソース

黄色　　→　　赤色　　→　　黄色

かんすい→ターメリック（ウコン）でアルカリ性→ソースで酸性

理科 ⑤ 中学年
空気鉄砲で的当て大会

教育効果

- 空気の圧力を実感しながら，学べる。
- 楽しみながら，活動できる。
- 子どもたち自ら，工夫を重ねようと努力する。
- 上手に飛ばすために，考えたり，意見交流したりすることができる。

準備の手順

① プラスチックの筒，押し棒，前玉，後ろ玉を準備する。

② 的を作成しておく。〈右図参照〉
（学級人数にもよるが，2～3つ作っておけば良いだろう。）

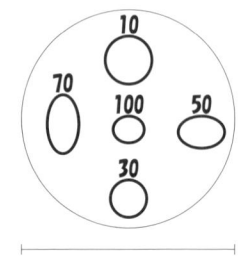

③ 得点集計表を準備しておく。

④ 体育館もしくは広く使える特別教室などを使用可能にしておく。

約1m程

授業の流れ

① 『今日は空気鉄砲を作ります』と伝え，予め作っておいた空気鉄砲を子どもたちに見せる。

② 『完成したら，みんなで的当て大会をしましょう』と伝え，材料を渡していき，製作に入る。

③ 『完成した人から的を狙って，飛び具合を調整していきましょう』と言い，活動を促す。

④ どうすれば，勢いよく玉が飛んでいくのかを考えさせる。

⑤ 一旦，座席に戻らせ，『強く玉を飛ばすには，前玉と後ろ玉の距離

が関係しています。押し棒をゆっくり押すのか，速く押すのか，どちらが強く飛ぶかも試してみましょう』と説明し，再び活動に入らせる。
⑥　勢いよく玉が飛び始めたところを見計らって，『ではこれより，○年○組の的当て大会を開始します』と宣言し，競技を始めていく。

教師が意識して使った技

■空気鉄砲の見本を見せる。
■自分で試させ，友達や仲間の飛び具合も見て学ばせる。
■的を準備し，大会にすると，高揚感をアップできる。
■遊びの中から，学びを習得できるようにする。

子どもたちの実感をより引き出すテクニック

■的や穴の形，色，得点など，バリエーションを変えると面白い。
■個人戦ではなく，チーム戦にすると，よく飛ばせるにはどうしたら良いかの話し合いが活発になる。
■玉の材質をスポンジや湿らせた紙，じゃがいもなど，変えてみると変化が見られて，飛ばしている実感がさらにわいてくる。

理科 ⑥ 中学年
気体・液体・固体のなぞにせまる

> **教育効果**
> ●水の状態変化を知ることができる。
> ●身のまわりにある事象を実験で再現し，学ぶことができる。
> ●生活していく上での知識を得ることができる。
> ●簡単に再現実験ができ，子どもたちの学習意欲も増してくる。

――― **準備の手順** ―――

① やかんに水を入れて，準備しておく。
② カセットコンロを準備しておく。
③ 冷凍庫があるか確認しておく。
④ ペットボトルを3本準備しておく。
　⇨水を入れる上限を決める線をどれにも書いておく。
　⇨1本は水を入れて前日から凍らせておいた物，もう2本は線まで水を入れるだけ。

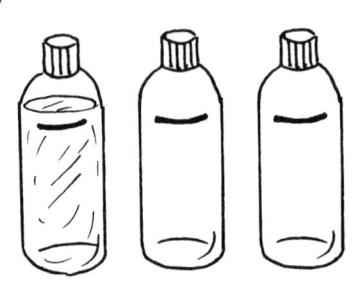

――― **授業の流れ** ―――

① 『皆さんは，おうちでお湯を沸かしたことはありますか』と問う。
② やかんの中に水が入っていることを確認させ，カセットコンロに火を点け，お湯を沸かす。
③ 熱せられてきたら，やかんの口に注目させる。沸騰してきたら，火を弱めて口に透明のビニール袋を近づけ，湯気を採取する。
④ 『(袋の中を指さしながら) ここにあるのは，何ですか？』と問う。子どもたち「水蒸気！」。

⑤　袋の中にできるだけ空気が入らないよう，そっと袋をはずし，袋の口を輪ゴムでくくる。⇨しばらくすると，内側に水滴が付いてくる。『これは何ですか？』と問う。子どもたち「水！」。
⑥　続いて，何も入っていない空のペットボトルを準備し，その中に水を入れる。
⑦　『同じペットボトルに同じ量の水を入れて凍らせると，こんな風になりました』と比較できるようにする。前日から凍らせてあったペットボトルを登場させる。氷になると量が増えることがわかる。

理科

―――――――― **教師が意識して使った技** ――――――――
■予備実験とともに，前日からの仕込み。
■目の前での実験パフォーマンス。
■テーマに【水】を取り上げ，変化の見える化をはかる。
■カセットコンロだとすぐにお湯が沸く。

―――――― **子どもたちの実感をより引き出すテクニック** ――――――
■水は0～100℃までの間で状態変化を起こすことから，温度計も準備しておくと良い。
■フラスコやビーカーなど，理科室にある実験器具などを使うと，より実験している実感が湧いてくる。
■すぐに凍らせたい場合は，ペットボトルではなく，小さな空き容器を使用すると良い。

理科 ⑦ 高学年　水溶液実験

教育効果

- 実験の楽しさを体験できる。
- 見たらすぐにわかるので，インパクトが強く，大変わかりやすい。
- 家庭にある物で，簡単に実験ができる。
- 水溶液の化学反応について学ぶことができる。

準備の手順

① 紅茶のティーバッグ１つ，瓶入りのはちみつを準備する。
② 透明のカップを１つ準備する。
③ 500mlほど，お湯を沸かしておく。
④ スプーンを準備しておく。

授業の流れ

① 『皆さん，これから目の前で実験をして見せます。教卓の前に集まりましょう』と伝え，子どもたちを前に集める。
② カップに紅茶のティーバッグをセットし，『さぁ今から紅茶を飲みましょうね』と告げ，お湯を注いでいく。
③ 『はちみつは，好きですか』と子どもたちに問いながら，瓶を取り出し，スプーンですくう。
④ 『さて，ここで３択問題です。このはちみつを紅茶に入れると，紅茶はどうなるでしょうか』と問う。
　『1. おいしくなる　2. 色が変わる　3. レモンティになる』
⑤ 『正解は……１と２でーす』と盛り上げながら，『では，よくカップの中を見ていてくださいね』と伝え，はちみつを入れていく。

⑥ 『では，なぜこんな現象が起こるのか解説します』と伝え，黒板を使って，紅茶とはちみつの関係について，説明する。

【変化の謎解き】

★紅茶の鉄分にハチミツが反応し，真っ黒になる。

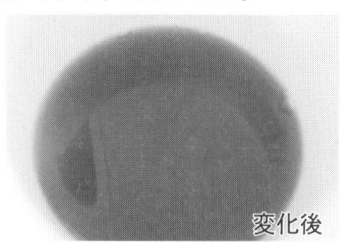

変化前　　　　変化後

⑦ 『おうちにある物で，簡単に実験ができますので，いろいろ試してみるといいですね』と告げ，説明を終える。

─── 教師が意識して使った技 ───

■眼前実験⇒見える化。
■子どもたちを前に集める。
■前日までに予備実験をしてからの本番。
■身近な物を使っての実験。

─── 子どもたちの実感をより引き出すテクニック ───

■ムラサキキャベツの絞り汁実験も化学反応の１つなので，実験してみると良い。
■紅茶を子どもたちにふるまうと，さらに盛り上がる。
■黒板に絵を描き，紅茶に含まれる鉄分とハチミツがどのように反応しているのかを簡単に説明するだけで，興味や関心がさらに高まる。
■目の前で色が変わる実験をいくつか紹介する。
　○やきそば（かんすい使用）の色変化。カレー粉→ウスターソース。
　○しらたきを炒め，そこにムラサキキャベツの汁を入れる。

理科 ⑧ 高学年

火山大噴火

教育効果

- ●化学実験が簡単に観られることで、学習意欲が高まる。
- ●家庭にある身近な物で実験ができることを知る。
- ●化学反応についての知識を得られる。
- ●火山の仕組みについて追究するきっかけとなる。

準備の手順

① トレイの上に粘土で土台をつくる。
② その上に山をつくる。
③ 山の中に空洞をつくっておき、その中に重曹と食紅を入れておく。
④ 酢を用意しておく。

授業の流れ

① 『皆さんに見せたい物があります』と伝え、火山を登場させる。
② 子どもたちを前に集める。
③ 『この状態を休火山と言います。ここに秘密の液体を加えると大爆発を起こし、火山になります』と言い、容器に入れた酢を登場させる。
④ 『少し離れて……バーーンって爆発したら、危ないでしょ』と少し驚かせて、実験に入る。
⑤ 少しずつ酢を山頂部分から粘土山に注いでいく。
⑥ 中から、赤い泡がゆっくりと出てくる。
⑦ 座席に戻らせ、『これから、火山の勉強をしていきます』と伝える。

―――― **教師が意識して使った技** ――――

■眼前実験。
■子どもたちを前に集める。
■前日までに予備実験をしてからの本番。
■単元導入に実験を用いたこと。

―――― **子どもたちの実感をより引き出すテクニック** ――――

■本物の火山灰を準備して，子どもたちに見せる。
　（本土最南端かごしま特産品 SHOP にて，桜島の火山灰缶詰「ハイ！どうぞ!!」〈一缶 126 円〉を購入）
■理科準備室の火山岩などを触らせると，より実感できる。
■火山が流れ出している映像を準備して見せてもよい。
　（火山に関して，気象庁 HP で詳しい情報が得られる）
■火山の仕組みを模造紙に大きく描いて見せると，わかりやすい。
■住んでいる地域の火山を調べ，どの山が火山なのかを確認すると面白い。

火山から噴出し
冷えて固まった火山岩

火山灰の缶詰

実際の火山灰

理科

理科 ⑨ 高学年　雲　再現

教育効果

●簡単な実験で現象が観られる。
●家庭にある身近な物で実験ができることを知る。
●化学反応についての知識が得られ，学習意欲が高まる。
●雲のでき方の秘密について，学ぶことができる。

準備の手順

① 500mlの空ペットボトル（柔らかすぎると元に戻らないので，適当な固さの物を選んでおく）とぬるま湯を少量，準備しておく。
② 線香とライターを準備する。

授業の流れ

① 『皆さんに見せたい物があります』と伝え，空のペットボトルを登場させる。
② 子どもたちを前に集める。
③ 『ここにぬるま湯を入れます』と言いながら，底に少したまるくらいの量のぬるま湯を入れる。
④ 線香とライターを取り出し，線香に火をつけ，『そして，この煙をペットボトルの中に入れます』と伝え，煙が入ったところでふたをする。
⑤ ペットボトルをシャカシャカ激しく上下に振る。
⑥ ペットボトルをギュッと指で押さえたり，離したりを繰り返す。

⑦ ペットボトルの中に雲のようなものが現れる。
⑧ 『これはペットボトル内の水蒸気が冷やされて水となり，煙の小さい小さい粒に付くから，こんな現象が見られるんだよ』と説明する。

教師が意識して使った技

■子どもたちを前に集め，実験する。
■前日までに予備実験をしてからの本番。
■身のまわりにある物を使って実験。

子どもたちの実感をより引き出すテクニック

■1000mlのペットボトルでも試してみると面白い。
■空で起こっている現象についても補足説明しておくと良い。
■子どもたちにペットボトルを振らせてみて，指でギュッと押さえさせると実感がより増してくる。
■最初に雲の写真や映像を見せると，子どもたちはイメージしやすく，学習にも入りやすくなる。
■グループや個人でペットボトルを準備させ，ぬるま湯と線香（煙）を教師が準備するだけで，全員の実験を確保できる。

【雲ができるまでの解説】

ぬるま湯	→	水蒸気	
ペットボトルをへこませたり，戻したりする。	→	気圧が上下して温度が変わる	
氷の粒	→	煙の粒子	→ 雲

理科 ⑩ 高学年

台風の秘密

教育効果

- 日本にやってくる台風について，詳しく知ることができる。
- 実験を通して，子どもたちは学びを深められる。
- 台風をはじめ，自然気象について興味関心が高まる。

準備の手順

① 扇風機と紙の人形を準備する。
② ２Ｌペットボトル（水入り）とバケツを準備する。
③ 宇宙から見た台風の写真を準備する。

授業の流れ

① 子どもたちに写真を見せ，『これは，いったい何でしょう』と問う。子ども「雲」「大きな雲」「台風」。
② 『これは台風を宇宙から見た写真です』と説明する。
③ 『今日は台風の秘密について勉強します』と言い，『台風について，知っていることはありますか』と問う。
④ 子どもたちから出された知識や情報を黒板にまとめていく。
⑤ 『それでは今から２つの実験をします』と告げ，［実験１　なぜ台風は回転するのか］を行う。⇨ 1．バケツを下に置き，そのままペットボトルの水を抜き，まっすぐ水がバケツに落ちていくことを確認する。2．ペットボトルに水を入れ，反時計回りに回転させながら水を抜き，渦ができると回転させるのをやめて観察する。3．『風もこの水と同じで，地球が自転している力が加わって，向きができるんだよ』と説明する。4．さらに，『台風は，つまり図１のような力が加わるから回転

するのですね』と説明する。
⑥ 続いて，[実験2 台風の風って，どのくらい強いのか？] を行う。⇨ 1.台風は，風速17.2m以上の風が吹いている低気圧であることを説明する。つまり，教室の縦の長さが約8mなので，1秒間で2教室を通り抜けていくようなスピードの風が吹いていることになる。2. 扇風機を持ってきて，紙の人形を飛ばしてみる。風量を［強］にしてみても，せいぜい1mほど移動するだけである。1秒間に17mの風がいかに強いのかがわかる。

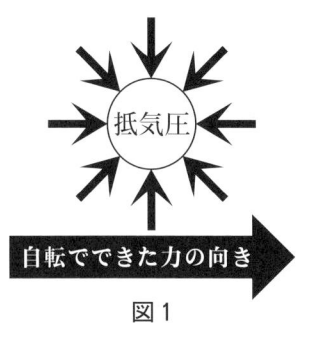

図1

━━━━━━━━ 教師が意識して使った技 ━━━━━━━━
■写真に注目させたことと，実験を2つ取り入れ，体感させたこと。
■子どもたちの知らない情報を知識として吸収させたこと。

・子どもたちの実感をより引き出すテクニック・

■資料1のように，日本地図と台風の絵を使って，子どもたちに進路や発生場所などを説明しても面白い。
■大気圧の単位hPa（ヘクトパスカル）についても説明すると良い。
　例　Pa（パスカル）の百倍→hPa（圧力の単位），aの百倍→ha（面積の単位）
■台風による土砂災害や川の氾濫など，自然の脅威がわかるような資料（写真や画像など）も準備するとよい。

資料1

■台風は，その強さや地域によって，呼び名が違うことを紹介しても面白い。タイフーン，サイクロン，ハリケーン，ウィリーウィリーなど。

社会科①
全学年

ご当地カルタ大会

教育効果

- ●子どもたちの住む地域の偉人や事柄や物について，知ることができる。
- ●子どもたちは，カルタを楽しみながら，地域の学習ができる。
- ●何度も繰り返しできる。
- ●共に遊ぶことで，子どもたち同士のつながりが深くなり，仲良くなる。

準備の手順

① 自分たちの住む都道府県の特徴を把握し，産業をはじめ，偉人や歴史的建造物，史跡，寺社仏閣，言い伝えなどの情報を集めておく。
② あ～んまでの読み札を作成する。
③ 取り札を5～6セット作成し，準備する。
④ 学級人数に応じて，1グループ5～6人ずつに分けておく。

授業の流れ

① 『さぁ今日は，奈良県についてたくさん勉強しましょう』と，子どもたちに伝える。
② 『これから，先生が作ったカルタを使って，カルタ大会をします』と言い，準備しておいたカルタを登場させ，グループ毎に配付する。
③ 『ルールを発表します』と伝え，
　1．先生は読み札を2回読みます。その間に見つけて，「ハイッ」と言ってからその札を取りましょう。
　2．お手つきは1回お休みです。
　3．騒ぎすぎて，周りに迷惑をかけたときも1回お休みとします。
と説明を続ける。

④ 『では，札を床に広げましょう』と言いながら，開始準備をする。
⑤ 『それでは，今から読んでいきます。スタート!!』と言い，カルタ大会を始める。

■ 教師が意識して使った技

■ 手作りの札を準備することで，特別感を演出する。
■ ルールの確認を最初に行う。
■ 説明後に札をグループに渡す。
■ グループ活動にすることで，一体感を生み出し，盛り上がる。

子どもたちの実感をより引き出すテクニック

■ 子どもたちにとって，身近なネタが札になっていると面白い。
■ 子どもたちが知っているネタと知らないネタを50%50%か知っているネタを多くすると安心して活動できる。
■ 取り札には，写真やイラストなどを入れると良いが，子どもたちがデザインしたものに変更していっても札に親しみがわいてくる。
■ 食べ物編や山・川編や寺社仏閣編など，ジャンルを分けて作ってみても勉強になる。

お　大きな大きな奈良の大仏

し　鹿煎餅は江戸時代から

社会科② 中学年
地元の偉人　この人だぁれ？

教育効果
- 自分たちが住む地域の偉人を知ることができる。
- 自分たちが住む地域の偉人を学習し，身近に感じられるようになる。
- 地域の偉人に誇りを持てるようになる。
- 地域を大切にしようとする心が育つ。

準備の手順

① 偉人の写真を1枚（A4サイズ）準備する。
② 例えば，「奈良県のくらし」のような各都道府県の学習ができる教科書を準備させておく。
③ 偉人の偉業をまとめたフラッシュカードを準備する。
④ ワークシートを準備しておく。

授業の流れ

① 『今日は皆さんに紹介したい人がいます』と教師は言いながら，子どもたちに準備しておいた写真を見せ，黒板に貼りつける。
② 『この人の名前を知っている人はいますか？』と問う。
③ 『では，この人に関係したエピソードを3つ紹介しますね』と言い，フラッシュカードを1枚ずつ黒板に貼っていく。
　1．日本の造林王と呼ばれている。
　2．板垣退助や新島襄など，全国でも有名な人と知り合いである。
　3．奈良県出身である。
④ 『実はこの人，この教科書で紹介されています』と言いながら，教科書を見せる。

⑤ 『では今から5分間で，この人の名前とどんなことをした人なのかをこのプリントにまとめていきます』と作業の指示を出す。
⑥ ワークシートを配付し，スタートする。
⑦ 5分後，名前を確認し，どんなことをしたのかを発表させ，黒板にまとめていく。

教師が意識して使った技

■人物写真を用い，子どもたちにイメージしやすくした。
■偉業を3つにまとめ，注目させるためフラッシュカードにした。
■ワークシートを活用し，作業に集中させた。
■ワークシートに書いてまとめたものを基に子どもたち同士の相互発表と意見交流の場を設けた。

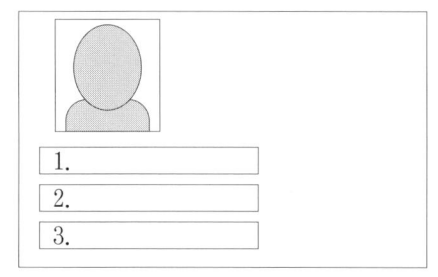

板書のイメージ

子どもたちの実感をより引き出すテクニック

■各地域の教科書で取り上げられている人物を取り上げ，功績や人生のエピソードなどを紹介すると面白い。
■その人物にまつわる物を準備できれば，子どもたちに公開でき，盛り上がる。
■その人物が生まれ育ったり，生活していた場所の写真などを提示すれば，よりイメージしやすく，身近に感じられるようになる。
■その人物の祖父母，父母，兄弟姉妹，子孫，配偶者，親友や仲間など人間関係を広めて紹介すると，幅が広がり，興味をわかせることができる。

社会科③ 中学年
都道府県つかみどり

教育効果

- ●全国47都道府県名を県形と共に覚えられる。
- ●各都道府県がいろいろな形をしていることで,興味や関心が高まる。
- ●つかんだ都道府県は,インパクトが大きく,知識の定着につながる。
- ●ゲーム感覚で,学習ができる。

準備の手順

① 47都道府県の形をそれぞれ厚さ5mm程の発泡スチロールで切り抜いておく。
② 切り抜いたそれぞれの形に色をつける。
③ 47都道府県の切り抜きがすべて入る袋を準備する。
　⇨外からは見えないような袋を準備しておく。
④ ワークシートを準備する。

授業の流れ

① 『ジャーン!』と効果音だけ発し,都道府県の切り抜きが入った袋を取り出す。
② 『さて,この中には何が入っていると思いますか』と問う。
③ 『では,○○君。前に出てきてください』と言って,『この袋の中に入っているものを1つ取り出してください』と伝える。
④ 『では○○君に取り出した都

道府県名を言ってもらいますので，続いてみなさんで言いましょう』
⇨ ○○君「北海道」→全員「北海道」
⑤ 『では次これは，ある都道府県の形をしたものです。さて，これはどこの都道府県でしょう』と問いかける。　⇨例として，「奈良県」
⑥ 『そうですね。では今から配付するプリントに書きこみましょう』
⑦ ワークシートを配付する。
⑧ ③～⑤を繰り返し，47都道府県のすべてを終わらせる。

―――――――― **教師が意識して使った技** ――――――――
■あえて最初に，今日の課題を提示せず子どもたちに考えさせる。
■前に出てきて，袋から都道府県の切り抜きを取り出させる活動を入れた。
■ワークシートに記入させる。
　（取り出す→読む→書く）

―――――― **子どもたちの実感をより引き出すテクニック** ――――――
■発泡スチロールの代わりに，画用紙をその形に切り抜いた物を準備しても面白い。
■同じ都道府県を2つ以上，入れておくと，難易度は上がって，盛り上がる。
■つかみ取った物をパズルのようにしていき，すべてがつながることを示唆すると，さらに良い。
■各都道府県のご当地ゆるキャラを写真などで見せ，それぞれの土地の特色などを紹介すると良い。
■特産品や出身芸能人，レジャー施設など，あらゆるジャンルの情報を集め，子どもたちに紹介し，エピソード記憶の定着をはかる。

社会科④ 中学年 〇年〇組　水利き選手権大会

教育効果

- 身近な水を比較することで，子どもたちの興味関心が高まる。
- 観察したり，匂いを嗅いだりして，正解を導き出すことで，記憶に残る学習ができる。
- 同じ水だが，どんな違いがあるのかを学ぶことができる。

準備の手順

① ラベルをはがし，同じ種類の空のペットボトル（500ml）を5本準備しておく。

② 上記のペットボトルに水を入れておき，それぞれ番号をつけておく。
　①学校の水道水　②教師の家の水道水　③学校近くの川の水　④琵琶湖などの湖で採取した水　⑤市販されている水

③ 解答用紙を作っておく。

授業の流れ

① 『今日は，こんなものを準備しました』と教師は言いながら，ペットボトルを1本ずつ登場させる。

② 『このペットボトルの中には，水が入っています』と言って，振って見せる。

③ 『先生がいろんな場所で採ってきた水です。では，どこで採ってきた水なのかを皆さんにこれから考えてもらいます』と言い，解答用紙を配付する。

④ 『今から採ってきた場所を5つ書くので，どの水がどこで採ってきたのかを当ててくださいね』と言いながら，【準備の手順】②の①～

⑤の場所を黒板に書く。
⑤ 『前に見に来ても良いですよ。ただし，条件が2つあります。①この水に絶対に触れないこと。②舐めたり，飲んだりしないこと。
この2つの条件を守れる人は見に来ても構いません』と告げる。
⑥ 『では，10分間で解答用紙に答えを書いていきましょう。よーい，スタート!!』と言って始め，キッチンタイマーで時間を計る。
⑦ 10分後，答え合わせをしていく。
⑧ 全問正解者には，ステキな賞状やシールをプレゼントする。

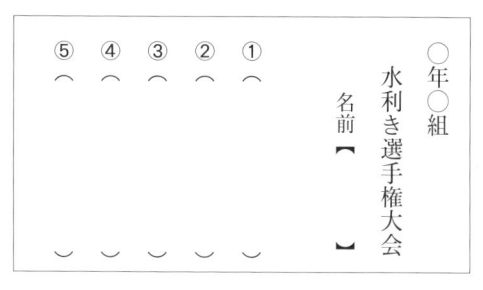

（解答用紙：○年○組　水利き選手権大会　名前〔　〕　①②③④⑤）

―――――――― 教師が意識して使った技 ――――――――
■本物の水を準備したこと。
■実際に，観察したり，嗅いだりする体験活動を取り入れたこと。
■制限時間を設けること。
■楽しい雰囲気を作り出すために，選手権大会と題したこと。

―――――― 子どもたちの実感をより引き出すテクニック ――――――
■学校の水道水以外は，どこの水であっても構わない。例えば，田んぼの水，用水路，池，雨水など。
■試薬を使い，色の反応を観たり，顕微鏡で水を観察したりしても，面白い。
■チーム戦にすると，協力して相談していくので，チームワークが生まれる。
■第1回，第2回……と，採取場所を変えて続けていっても，復習になって良い。

社会科⑤ 中学年
割り箸から見えるもの

教育効果

- 本物の木に触れる体験ができる。
- 日本の山の木や森に興味がわく。
- 日本の山や森のことについて，知ることができる。
- 子どもたちにとって，割り箸から木のことがわかる。

準備の手順

① 杉の板を取り寄せる。
② 杉を使った割り箸を学級の人数分だけ準備する。
③ 日本の山や植林についての情報を集めておく。
④ 過去に遡って，現在までの林業従事者の変遷がわかるグラフを作成しておく。

授業の流れ

① 『さぁて，これは何でしょうか』と教師は言いながら，子どもたちに杉の木の板を見せる。
② 『良い香りがしますよ』と言って，座っている子どもに嗅がせる。
③ 『この元の木の名前，わかりますか？』と訊ねる。
④ 『この杉は日本の山にたくさんあります。なぜたくさんあるのかと言うと，植林と言って，昔から山で働く人たちが杉の苗木を植えてきたからです』と説明する。
⑤ 『このグラフを見てください。さて，何の数を表したグラフでしょう』と問う。
⑥ 『これは林業，つまり山の木を扱って仕事をしている人の数を表し

たグラフです。何か気づきますか？』と問い、「減ってきています」と子どもたちの答えを導き出す。
⑦ 『そこで今、注目されているのがこれです』と言いながら、杉で作られた割り箸を登場させる。
⑧ 『この割り箸は、この図のように丸太の端を使って作られています。だから、決して森林を無駄にはしていないんですよ。使わないところを使って、割り箸を作っているのですから』と説明する。

―――――― **教師が意識して使った技** ――――――

■本物を準備し、子どもたちに見せたこと。
■割り箸が木のどの部分で作られているのかを図でわかりやすく説明したこと。
■手触り、香りなど本物でしか感じることができない体験をさせたこと。

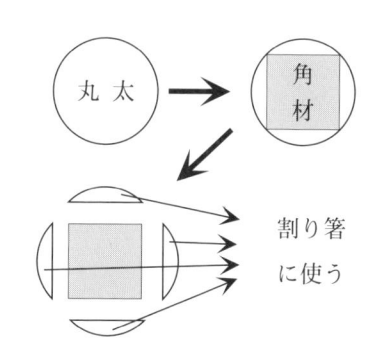

―――――― **子どもたちの実感をより引き出すテクニック** ――――――

■住んでいる都道府県にある杉を用いると、子どもたちにとって、より身近に感じられる。
■割り箸を杉だけでなく、桧や外国材のもの、プラスチック製の箸などいろいろ準備しておき、メリット・デメリットを話し合っても面白い。
■林業従事者推移のグラフは、PCからスクリーンに映し出しても、模造紙に描き表しても良い。
■行われている植林方法や植林の歴史についての話を子どもたちにすると、山や森、木などへの興味・関心を高めることができる。

社会科⑥ 都道府県 ご当地 グルメマップ
中・高学年

教育効果
- 子どもたちの学習意欲を喚起することができる。
- 都道府県名とともに，その土地の「食」を学ぶことができる。
- なぜその料理や食べ物が都道府県ごとに取り上げられているのかという視点から産業について学べる。
- 子どもたちと「食」は身近であることから，もっと知りたいという探究心を高められる。

準備の手順
① 都道府県が描かれた白地図を含むワークシートを準備する。
　 拙編著『コピーして使える授業を盛り上げる教科別ワークシート集 中学年編』黎明書房，P.71などを参考にしてください。
② 学校がある都道府県の特産物やご当地グルメを１品準備しておく。
③ 子どもたちに色鉛筆を準備しておくように伝える。

授業の流れ
① 『さぁ，今日は日本全国を旅行していきましょう』と言いながら，子どもたちの関心を高める。
② 『私たちが住む奈良県で有名な食べ物と言えば何でしょう』と問う。「奈良漬け」「素麺」「柿の葉寿司」
③ 『今日はみんなのために柿の葉寿司を持ってきました』と伝え，登場させる。

柿の葉寿司

④ 『食べたことがある人はいますか。これは柿の葉を使って巻いてあるお寿司です』と伝えながら，実際に柿の葉をめくり，中のお寿司を

見せる。
⑤ 『このように，日本全国から１つ都道府県を選び，その土地の食べ物や有名なお料理を見つけてみましょう』と言いながら，ワークシートを配付する。
⑥ 『では，ワークシートに書きこんでいきましょう』と作業をスタートさせる。
⑦ 『食べ物やお料理の絵が鉛筆で書けた人は色鉛筆を使って，色を塗っていきましょう』と指示する。

―――― **教師が意識して使った技** ――――
■本物（具体物）を登場させたこと。
■ワークシートを準備したこと。
■都道府県から１つ選ばせることで　自分で選んだという責任を持たせる。
■絵を描かせることで，文字だけではない面白さや楽しさを出させる。

ワークシート例

―――― **子どもたちの実感をより引き出すテクニック** ――――
■都道府県を選べない子どもには，例えば自分が住んでいる都道府県の食べ物や名物，料理などを挙げさせるようにすると良い。
■各都道府県の有名な食べ物や名物，料理などをインターネットで検索し，ワークシートにまとめさせても面白い。
■子どもたちが描いたワークシートを掲示すると，子どもたち同士で情報を共有し，交流できてコミュニケーションの幅が広がる。
■旅行の思い出を語ったり，食べてみたい物を話し合ったりしても楽しい。子どもたちの描いたものの中から，「食べてみたい！」と思う絵のグランプリを決めても盛り上がる。

社会科⑦ 地球儀ビーチバレー パスリレー
中・高学年

教育効果

- 楽しく盛り上がる。
- 教室に高揚感と緊張感が生まれる。
- 地球を手にとって見ることができ,地図学習ができる。
- 教師と子ども,子どもたち同士のつながりができる。

準備の手順

① 地球儀ビーチバレーボールを準備する。
② 予め,その日のテーマを決めておく。
　⇨海と陸の比率,大陸名,国名,地名,山の名前,海の名前……

授業の流れ

① 『さぁ,今日はこのビーチバレーボールを使って,地図の学習をします』と告げる。
② 『今から先生が皆さんに向かって,このボールを打ちますから,両手でしっかりと受け取ってくださいね』と言って,子どもたちに向かってボールを優しく打つ。
③ キャッチした子どもに『そのまま,動かない！ では,右手の中指は何と言う国を押さえていますか』と問う。
④ 「ブラジルです」と答えた国を板書していく。
⑤ 『では,先生にそのボールを優

しく返してください』と告げ，続いて，また子どもたちに投げる。
⑥　②～⑤を繰り返していく。
⑦　最後に『今日は，世界の国が地球のどこにあるのかを勉強しました』と伝え，板書の最初に【世界の国名】と書く。

教師が意識して使った技

■地球儀型のビーチバレーボールを準備した。
■教師と子どもたちとの見えない糸を張る。
■全員が参加している雰囲気づくり。
■教師の指示をしっかり聴かせる。
　⇨手・指が押さえている場所を問う。

子どもたちの実感をより引き出すテクニック

■地球儀ビーチバレーボールには，行政区分，地勢区分など種類があるので，いろいろ試してみるのも面白い。
■ビーチバレーボールが大きければ，紙風船型もあるので，試してみると良い。
　⇨上記どちらも，国土地理院にて，販売されている。
■バレーボールのサーブのように，教師→子どもに渡すのも良いが，子どもたち同士で渡し合いできるのも良い。
■体育館や多目的室など，風の影響を受けにくい広い場所で学習するのも非日常的な学習形態で面白い。

社会科⑧ 高学年

歴史人物　〇〇〇〇は何人？

教育効果

- 短時間でできる。
- 学習指導要領にて扱われるべき歴史人物42名に応用活用できる。
- 教室に笑いが起きる。
- 子どもたちが熱中する。
- インパクトが大きいため，子どもたちの記憶に残る。

準備の手順

① 歴史人物の写真を1枚準備する。
② Microsoft社のパソコンソフトPowerpointを用い，ページを開く。
③ 1つのページにその歴史人物の写真（顔）を縦3枚×横9枚の27枚並べる。（同一人物複写）
④ 並べた中に，数枚違う人物写真を混ぜておく。

授業の流れ

① 『さぁ，今日登場する歴史人物は一体誰なんでしょうか』と教師は言いながら，子どもたちの興味をそそる。
② 『では，皆さんに見ていただきましょう。この人です！』と言って，子どもたちに画面を見せる。
③ 「えー!!」と子どもたちは反応する。
④ 『さぁ，その人物は何人いるでしょうか。制限時間は30秒です』と言いながら，タイムを計り始める。
⑤ 子どもたちは，その歴史人物が何人いるかを数える。
⑥ 『1人，2人，3人，……』というように，順に数を確認していく。

⑦　正解数を発表する。
⑧　正解者に拍手を贈る。

―――――――教師が意識して使った技―――――――

■製作したパソコン画面。
■写真の画面を見せるタイミング。
■制限時間を設けること。
■正解者に拍手を贈ること。

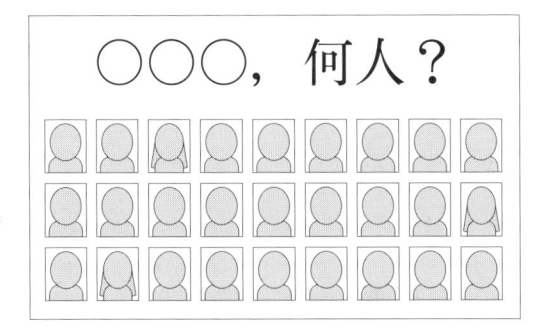

○○○，何人？

パソコン画面の例

―――――子どもたちの実感をより引き出すテクニック―――――

■歴史上に登場する人物にまつわるエピソードをいくつか紹介すると，子どもたちにとって，その人物がより身近に感じられるようになる。
■人物の絵や画像で，あまり見慣れないものを準備すると「えっ？」と子どもたちは驚いた反応をし，インパクトはより強くなる。
■掲示する写真を少なくすると，よりハッキリと写真を見ることができ，わかりやすい。
■掲示する写真を多くすると，難易度が上がるため，より集中して写真を見ようとし，枚数を数える。
■全部同一人物→1枚だけ違う人物が混ざったものというように難易度を上げていく。⇨数枚違う人物が混ざったもの。
■制限時間を短くすると，より集中が増して，子どもたちは盛り上がる。
■画面で提示する写真の中に，子どもたちの写真も混ぜておくと，大いに盛り上がる。

社会科⑨ 高学年
おもしろ江戸文化

教育効果

- 授業が楽しく盛り上がる。
- 子どもたちの知的好奇心がアップする。
- 時間的にも，空間的にも遠く感じられる江戸文化を身近に体験できる。
- 江戸文化の良さを学ぶことができる。

準備の手順

① 人物が描かれた浮世絵と歌川広重の浮世絵（花火）を準備する。
② 現在のタレントのブロマイド写真を準備する。
③ 花火の尺玉（大きさ，重さ，見た目を似せて作ったもの）を準備しておく。
　⇨ ドッジボールを裂き，中に砂を入れ，重さを量り，尺玉を作る。
④ 髷のカツラと浴衣（着物でも可）を準備する。

授業の流れ

① カツラをつけ，浴衣姿で入室する。
② 『今日は江戸時代にタイムスリップしたつもりで，当時の流行っていたものについて，勉強していきます』と告げる。
③ 人物が描かれた浮世絵を登場させ，『これは浮世絵と言います。ここに描かれている人は当時の有名人です』と説明し，『実は今のこの写真（ブロマイドを登場させながら）と同じです』と続ける。
④ 続いて，2枚目の浮世絵を見せ，『これはどこですか』と問う。「東

京」「川の近く」
⑤　次に,『季節はいつですか』と問う。「夏です」
⑥　『どうして,夏だとわかるのですか？』と続けて問う。「花火が上がっているから」
⑦　『今日は皆さんに見せるため,特別に花火を持ってきました』と告げる。
⑧　ここで,花火の玉や大きさなどを詳しく説明する。
⑨　最後に江戸時代にはどんなことやものが,流行っていたのかを紹介していく。

―――――― **教師が意識して使った技** ――――――
■変装して,子どもたちの興味関心を高める。
■浮世絵とブロマイドを用い,現在と江戸時代とをつなげる。
■花火の尺玉(模造品)を準備し,実際に見せたり,触らせたりする。

―――――― **子どもたちの実感をより引き出すテクニック** ――――――
■江戸時代に文化として確立された相撲を取り上げ,子どもたちと実際に相撲をとっても面白い。
■富くじ(今の宝くじ)や寿司,歌舞伎などを取り上げて,現在まで伝わっている文化が多いことを理解させると江戸時代をより身近に感じられるようになる。
■貨幣価値を取り上げ,当時の生活の様子を知ることで,子どもたちは人々のくらしをより身近に感じるようになる。

花火7号玉の模造品(ドッジボール大)
直径約20.5cm,重量約3kg
上がる高さ　約250m
開いたとき　約240m

社会科⑩ 高学年
漁業と農業のコラボレーション!!

教育効果

- 漁業と農業がつながっていることがわかる学習ができる。
- 具体物を準備することで、より実感がわく授業ができる。
- 子どもたちが楽しみながら学習できる。

準備の手順

① 干し鰯、もしくは鰹の内臓でできた肥料を準備する。
② ナスを準備する。
③ 畑の写真を準備する。

授業の流れ

① 『先生が準備したものをこれから見せますね』と教師は言いながら、教卓の上に準備しておいた①と②を置く。
② 『これは何ですか？』と、②ナスを持って、子どもに問う。
③ 『では、これは何ですか？』と問いながら、①を見せる。
④ 『(ナスを見せながら)これは○業、(肥料を見せながら)これは○業。さて、この○に入る漢字は何でしょう？』と問う。
⑤ 『実はこの2つは、深くつながっているんですよ』と説明しながら、黒板に畑(ナス畑など)の写真を貼る。
⑥ 『さて、この3つ(ナス、肥料、畑)はどのようにつながっているのでしょうね。予想して、説明できる人はいますか？』と問う。
　⇨いない場合は『では説明していきますね』と説明すれば良い。

⑦　『これは，魚からできた肥料です。これを畑に撒きます。（肥料を指さしながら）次に畑へこれをエサにする微生物を撒きます。すると，土に栄養が増えてきます。そして，ナスの苗を植えて，育てていきます』と説明する。

⑧　『漁業でできた肥料と農業で使う畑や収穫するナスはつながっているんですね。これぞ，漁業と農業のコラボレーション!!』と告げる。

教師が意識して使った技

■本物の肥料やナスなどの野菜を準備したこと。
■実際に見たり，触ったり，嗅いだりさせること。
■誰もが答えられる発問と少し考えないと答えられない発問を織り交ぜたこと。
■子どもたちの中では，絶対につながらないであろう教材を用いたこと。

子どもたちの実感をより引き出すテクニック

■肥料の香りや手触りなどをゆっくり時間をとって体感させると良い。
■ナス以外の野菜畑にも使われていることを紹介しても面白い。
■肥料を提示する前に，魚の絵や写真，または海の絵や写真を導入に用いても，子どもたちの興味関心が高まる。
■学年園や近所の畑などに移動して説明すると実感がより引き出される。

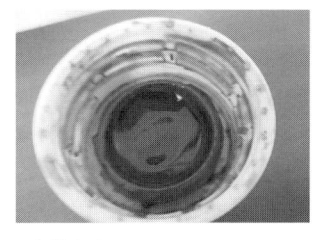

この液体を畑にまき，バクテリアのえさにして，畑を肥やす

生活科①
低学年

落ち葉　どんぐりクイズ

教育効果

- ●落ち葉やどんぐりから，植物を知ることができる。
- ●自然に対して，子どもたちの興味関心が高まる。
- ●実物を準備し，触ってみることで，実体験から学ぶことができる。

準備の手順
---

① 秋に，落ち葉やどんぐりを拾って，蓄えておく。
　⇨学校付近で手に入るもの。（どんぐりが拾えなければ，落ち葉だけでも良い）
② 図鑑などで，前もって，落ち葉やどんぐりについて，調べておく。

授業の流れ
---

① 『今日はこんなものを準備しました』と伝え，どんぐりや落ち葉を教卓に並べる。
② 『近くで見てみたい人は，どうぞ前に集まりましょう』と，子どもたちを前に集める。
③ 『さぁ，ではこれは何の木の物でしょうか？』と言いながら，1枚の落ち葉を取り出して，子どもたちに見せる。
④ 『続いて，これです』と言い，どんぐりを見せて，次へ進めていく。

⑤　準備した落ち葉やどんぐりは，一旦回収する。
⑥　一人一人が手に取って見られるように，配っていく。

教師が意識して使った技

■自然の物を使用する。
■教卓前に子どもたちを集める。
■秋にはどんな植物が出てくるのかを確認させる。

子どもたちの実感をより引き出すテクニック

■どんぐりをいくつも並べて背比べすると面白い。
■落ち葉をラミネートして，しおりを作成すると子どもたちは喜ぶ。
■どんぐりを水に浸しておいたり，落ち葉を丁寧に拭いておいたりしておくと良い。
■子どもたちに木の写真を見せることで，「こんな木になるんだ，どんぐり」と実際に準備したどんぐりの使い道を考えさせると面白い。
■どんぐりをキャラクターにして，置物を作っても面白い。
■どんぐりや落ち葉の種類をノートやワークシートにまとめて，スケッチブックを作成するのもよい。

▲落ち葉やどんぐりについて

　主に秋の季節，山へ登ったり，公園に行ったりしたときに，たくさん集めておくと良い。また，種類別にしておくと利用しやすい。

生活科② 低学年

子ども郵便局

教育効果

- 子どもたちは楽しみながら、活動することができる。
- 郵便局での葉書を扱う仕事について知ることができる。
- 人のために動くことができる喜びを感じられる。
- 他学年との交流ができる。

準備の手順

① 切手の元となるデザインを考える。(切手の枠を作成し、その中にイラストを描く。)
② できた切手の元を1枚の紙に貼り合わせ、スキャンし、白紙のプリントシールに印刷する。
③ 葉書大に画用紙を切断し、葉書を作成する。
④ 代金の代わりとなる牛乳キャップを集める。
⑤ 郵便ポストを作る。(配達用と投函用の2種類。配達用は各クラス分、投函用は各階に1〜2個準備する。)
⑥ 郵便番号を決める。(1年1組ならば、地域の3桁の後、0011とする。2組なら、○○○-0012)
⑦ 全校の協力を得られるように宣伝し説明しておく。

授業の流れ

① 『これから、○年○組は○○○小郵便局となります』と言い、『今から、お仕事の分担をしていきます。葉書・切手を売る人、葉書を集める人、葉書を届ける人、ハンコを押す人に分かれます』と伝える。
② 役割分担ができれば、各クラスへ宣伝をするために、広報を決める。

③　宣伝とともに，葉書，切手，牛乳キャップのお金を持ち，各クラスをまわる。
④　各クラスへ配達用のポストと各階へ投函用のポストを設置する。
⑤　葉書や切手の販売は，自教室で行う。
⑥　期間中（約2週間ほどが妥当），不足が出ないように補充を行っておく。

手作り切手 　　　　スクール ポスト　配達用 　　投函用

―― **教師が意識して使った技** ――

■仕事をすることが人のためになることを伝える。
■丁寧な作業を心がけさせること。
■他学年を意識させることができること。
■協力することの大切さを学ばせること。

―― **子どもたちの実感をより引き出すテクニック** ――

■最寄りの郵便局を見学する。
■集配や販売している映像や画像を見せる。
■実物の葉書や切手に触れさせる。
■同学年の他クラスとも協力して，活動させる。
■普通や速達などの時間を意識させる。
■すべて子どもたちの手で作らせる。

音楽科① 低学年

手拍子まねっこ

教育効果

- ●子どもたちが大盛り上がりする活動である。
- ●手拍子で教師の真似をするだけなので，簡単にできる。
- ●隣の子ども同士，つながりができていく。
- ●バリエーション豊かに，リズム遊びができる。

準備の手順

① 横に10席×○列（人数によりけり）の椅子を準備する。
② 椅子に子どもたちを座らせる。
③ 隣の人がいるのか，確認させる。
④ 手が両隣の子どもの膝に手が届くのか，確認させておく。

授業の流れ

① 『先生の真似をします』と言いながら，子どもたちの前に座り，トントンと手で自分の膝を2回叩く。
② 『次は右隣の人の膝をこのように叩きます』と言い，左隣の人の膝をトントンと叩くようなジェスチャーをする。（子どもから見れば，右左逆になる。）
③ 『次は自分の膝をトントン2回』と言いながら，打つ。
④ 『続いて，左隣の膝をトントンと叩きます』と言いながら，右隣の人の膝を打つジェスチャーをする。
⑤ 『続いて，自分の膝をトントンと2回叩く』と言いながら，自分の膝を打つ。
⑥ 『これの繰り返しです』と説明しながら，口でトントントントン……

と言いながら，自分→右隣→自分→左隣と繰り返す。
⑦　『では，皆さんでやってみましょう』と促し，スタートする。

━━━━━━━━教師が意識して使った技━━━━━━━━
■リズム遊びを身体を使って，体感させる。
■モデリングをして，子どもたちに見せる。
■一緒にやりながら，子どもたちの様子を見る。
■隣の子どもとの様子を見て，関係を確認する。

━━━━━━子どもたちの実感をより引き出すテクニック━━━━━━
■慣れてくれば，スピードを徐々に上げていく。
■トントン……トントン……と口で言わせながら，手の動きを加えると，リズムが合ってくる。
■両手を左右に伸ばしながら，トントン……を繰り返すとバリエーションが増える。
　最初のトントンは自分の膝打ち→次のトントンで，左右の子の膝を片手ずつで打つ。
■座ってやってみてもよいが，立って同じ事を繰り返すとリズム遊びの幅が広がる。

音楽科② 中学年

この曲　な〜んだ？

教育効果

- 子どもたちは興味津々で盛り上がり，楽しい雰囲気になる。
- 耳にしたことのある曲を聴き，音楽に興味がわく。
- よく聴こうとしてシーンと静かになり，集中する。
- 楽曲に興味をもち，演奏してみたいという意欲が出てくる。

準備の手順

① CMソングやアニメソング，駅や店で流れるメロディ，教科書に出てくる楽曲など子どもたちの身近な曲を集める。
② あつめた楽曲を1枚のCDやMDにまとめる。
③ 音楽室が使用できるか，確認しておく。
④ CDもしくはMDなどのデッキを準備する。

授業の流れ

① 『これから，曲を流します。曲名がわかった人は答えを言わずに，手を挙げましょう』と言い，曲を流す準備をする。
② 『では，1曲目です』と言い，曲を流し，イントロ（約2秒ほど）で止める。子ども「はいっ！」「う〜ん，わからないなぁ」。
③ 『もう一度，流しますね』と言いながら，同じ曲を流し，イントロで止めて，答

えを確認する。
④ 『では，全員で言ってみましょう』と言い，全員で曲名を言わせる。
⑤ 『続いて，2曲目です』というように，繰り返し，曲を流していく。

教師が意識して使った技

■集中して聴かせることで，耳を鍛える。
■答えを全員一斉に言わせる。
■すぐにわからない子どもがいることを想定し，3回まで繰り返し，流す。
 ⇨ 何度も同じ曲を流しすぎると集中力が下がるので，3回までがベスト。
 ⇨ 1回でわかるような曲のときは，2回流さなくても良いだろう。
■この場面では，ついつい反射的に答えを言ってしまう子どもがいるかもしれないため，黙って手を挙げる約束を確認させる。

子どもたちの実感をより引き出すテクニック

■解答が出たら，しばらくその曲を流して，みんなで聴いても良い。
■子どもたちからのリクエスト曲を入れると盛り上がるし，面白い。
■曲だけでなく，映像があれば，パソコンやプロジェクターを使って流すと，さらに盛り上がる。
■楽曲を知っている子どもたちとともに歌うと，さらに盛り上がり，次へとつながる。
■楽譜があり，ピアノやオルガンで弾けるのであれば，なお一層子どもたちの実感は高まる。

体育科①　Ｓケン

全学年

教育効果

- 子どもたちは己の力と相手の力を知ることができる。
- チームで協力することで，子どもたち同士の絆が深まる。
- 子どもたちの活動量が豊富である。
- 子どもたちは楽しみながら活動することができる。
- 片足で跳んだり，相手との力勝負をしたりすることで，鍛えられる。

準備の手順

① チームを２つに分ける。
② 運動場にＳの字のラインを引く。
③ 安全地帯を円で２カ所描く。
④ 最後に宝物を置く場所を囲む。

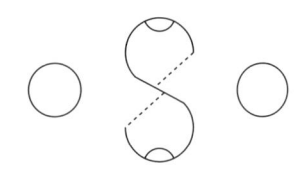

図のように運動場に描く

授業の流れ

① 『今日はＳケンをします』と言い，ルールを説明する。
② 『宝物を決めて，その中に置きます』と言い，続けて『この宝物を取ったチームの勝ちです』と伝える。
③ 『安全地帯は２カ所で，どちらのチームの人が入ってもＯＫとします。またそこでは，両足を着いても良い』と説明を続ける。
④ 『自分の陣地では両足を着いていて良いが，（点線から外に出ると）片足ケンケンで相手の陣地を目指します。また相手の陣地に点線を越えて入ると，両足を着いてもＯＫです』と伝える。
⑤ 『では，自分の陣地に入り，スタンバイします』と言い，準備が整ったら，スタートする。

教師が意識して使った技

- ルールを徹底させるため，説明を丁寧にする。
- 運動場に消えにくい白線のラインを予め引く。
- 両チームのメンバーが休める安全地帯を作ることで，子どもたちの無理を減らす。
- 宝物という目標を定め，子どもたちの意欲喚起を行う。

子どもたちの実感をより引き出すテクニック

- 赤白に分け，男女混合でできれば，チームワークは一層良くなる。
- 安全地帯の広さは，2～3人の子どもたちが入れるスペースにする。
- スタートする前に，チームミーティングの時間を取ると，より団結力は増す。（円陣を組ませても良い。）
- 宝物には赤白帽を使用するが，小さなコーンや別の物を準備しても良い。
- 制限時間を決めると，集中力が増して良い。
- 1回戦で終わるのではなく，3回戦，5回戦……と行うことで，よりチーム力は増し，運動量も大幅に増える。
- 音楽（BGM）を流しながら活動すると，雰囲気が出てきて面白い。

体育科② 全学年

天下取り

教育効果
- ●子どもたち全員がボールを投げ合う活動ができる。
- ●子どもたちの活動量が豊富である。
- ●活動していると，一体感が生まれる。
- ●子どもたちの気持ちの高揚感がある。

準備の手順
① 学級全員が入れて，さらに動き回れる広さの円を1つ描く。
② ドッジボール（柔らかいボールでも可）を1つ準備する。
③ 子どもたちを円の真ん中に集合させる。

授業の流れ
① 『今日は天下取りをします』と発表し，ルールを説明する。
② 『外野（円の外）に3人出ます。それ以外の人は円の中に残ります』と説明する。
③ 『外野からボールを投げ始め，ボールに当たったら，外野に出ます』と説明を続ける。
④ 『ただし，ボールをキャッチしたら，動かずにその場所から周りの人に向かって投げて当てても構いません。もちろん，ボールを持っていない人は円の中で逃げ回ってください』と説明する。
⑤ 『当てられた人は，誰に当てられたか覚えておきましょう。もしその人が他の人に当てられたら，外野から中に戻ることができます。最

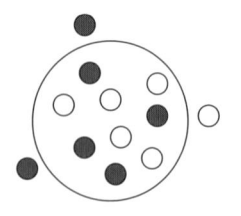

スタート時の
イメージ図

後まで中に残った人の優勝です』と説明を締めくくる。
⑥ 『では，始めましょう』と活動をスタートする。

=== 教師が意識して使った技 ===
■ルールを徹底させるため，説明を丁寧にする。
■運動場に消えにくい白線のラインを予め引く。
■ボール投げが苦手な子どもも楽しめるような工夫をする。
■ゲームに集中させるために，誰に当てられたのかをしっかり見ておくようにする指示を出す。

ルールの説明は丁寧に

=== 子どもたちの実感をより引き出すテクニック ===
■活動量を増やすために，使用するボールを増やすことも可能である。
■子どもたちの投力に応じて，コートの広さを調節すると良い。
■コートの広さによって，スタート時の外野の人数を増やしても良い。
（最初から外野に出ている子どもは，いつ内野に入っても良い。）
■チーム戦にしても面白い。（赤白2チームに分けたり，赤白黄青4チームに分けたりして，入り交じった状態で優勝者を決めていく。）
■至近距離からのボール当てのため，ボールの種類や固さなどは十分に配慮する必要がある。
■音楽（BGM）がかかると，楽しい雰囲気が増してくる。

家庭科 高学年

鍋ふり検定

教育効果

- ●正しい道具の使い方が身につく。
- ●料理に興味を持たせられる。
- ●より腕を磨こうと努力をする。
- ●楽しみながら，活動ができる。

準備の手順

① 家庭科室において，フライパンを準備しておく。
② 大豆，または小豆を準備する。
③ 家庭科室が使用できるか，確認しておく。
④ 床に敷くための新聞紙を準備する。

授業の流れ

① 『フライパンを上手に使いこなせるかどうか，これより検定を行います』と趣旨を伝える。
② 『まずは練習をします』と言いながら，各グループにフライパンを1つずつ渡していく。
③ 『このフライパンに豆を入れ，上手にフライパンをふれるかどうかを見ます』と言い，手本を見せる。
④ 『こぼれ落ちるといけないので，床に新聞紙を敷きましょう』と呼びかけ，子どもたちと敷いていく。
⑤ 練習時間を取り，終わった後に，検定を開始する。
⑥ 主な検定基準は，【フライパンの上で上手に豆を回せているか】と【返しができるかどうか】であることを伝えておく。

教師が意識して使った技

- 教師が手本を見せ，イメージを持たせる。
- グループでコミュニケーションをとりながら，協力させる。
- 豆を使って，疑似体験させる。
- 検定としたことで，緊張感が生まれる。

子どもたちの実感をより引き出すテクニック

- 映像に残しておき，後に見て，分析する。
- 豆以外にも，生米を活用しても良い。
- 上手にフライパンをふる子を取り上げ，見える化する。
- 鍋を振るときのコツを伝える。
  ⇨ 手前から向こうへ，下から斜め上に向かって，など具体的なアドバイスを伝える。
- フライパンに種類があるのなら，家庭科室で準備するも良し，ご家庭から持参させるも良し。
- 最後には，実際に野菜炒めや卵料理などを作ってみる。
- 検定合格者には，許可証を渡す。

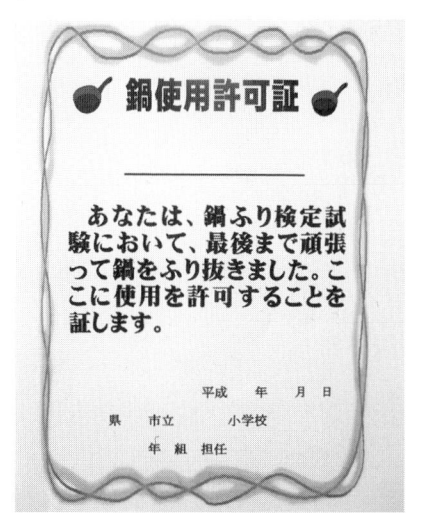

許可証例

図工科　低学年

スクリーンを見て　描こう!!

教育効果

- 拡大した写真を見ることで，迫力が生まれ，イメージしやすい。
- 拡大した写真に注目させることで，細部まで見せることができる。
- よく見えるので，集中力が持続しやすい。
- 説明や解説するときに，示しやすいので，わかりやすい。

準備の手順

① 大仏の写真をデータでパソコンに取り込んでおく。
② 画面に映し出せるような状態にしておく。
③ スクリーンとプロジェクターを準備し，パソコンと接続する。
④ スクリーンに映し出すまで，伏せておく。

授業の流れ

① 『スクリーンに注目しましょう』と教師は言い，子どもたちに注目させる。
② 『今日はここに映るものを描きます。よ～く見てくださいね』と説明する。
③ プロジェクターの蓋を開け，写真をスクリーンに映し出す。
④ 『これは何ですか？』と問う。子ども「奈良の大仏です」。
⑤ 『では，この写真をよく見ながら，クレヨンで大仏や周りのものの形を画用紙いっぱいに描いていきましょう』と指示する。
⑥ じっくり見て，ゆっくり描いて……の繰り返しで描かせていく。

――― 教師が意識して使った技 ―――
■注目させる工夫をしたこと。
■写真をスクリーンで拡大表示。
■じっくり見て描く活動をさせる。
■細部まで詳しく見せられる。

――――― 子どもたちの実感をより引き出すテクニック ―――――
■本物を見たり，実際の大きさを再現したりすると良い。
　⇨全身（13m）がどれくらい大きいのかを示すと良い。再現できなければ，身体の部分を取り上げて子どもたちに見せても良い。
■大きいものを大きく見せる効果と小さいものを大きく見せて，よりリアルな観察ができる効果が期待できる。
■画用紙の大きさとスクリーンの大きさを合わせるために，スクリーン大の大きさの紙を準備すると，比較できてわかりやすい。
■『ここはどのくらいの大きさかなぁ』など教師の声かけや言葉がけによる子どもたちの気づきを促す。
■教師の描いた絵を見せる。
　⇨詳しく描いたものではなく，画用紙に○で顔などのパーツを示し，描く大きさの目安を示す。

道徳 全学年

七みの言葉

教育効果

- 人間関係を築く上で大切なことが学べる。
- 自分の気持ちをコントロールできる術を身につけられる。
- 人に優しく接することができるようになる。
- マイナス思考，ネガティブ思考を抑えられる効果がある。

準備の手順

① 七つの言葉をフラッシュカードにしておく。
　（いやみ・うらみ・つらみ・ねたみ・そねみ・さげすみ・やっかみ）
② それぞれの言葉の意味をわかりやすい言葉で説明できるようにしておく。
③ これらの言葉が，どんな場面で使われるのかイメージしておく。
④ たとえ話ができるように準備しておく。

授業の流れ

① 『今日は七みの言葉について説明します』と教師は言いながら，黒板に【七みの話】と書く。
② 『これ，「ななみ」と読みます』と説明する。
③ 突然，『○○さんのこと，絶対許されへん！　ずっと忘れへんからなぁ。くそぉ，覚えとけよぉ』と言い，『これは何？』と子どもたちに問う。

④ 『これは「うらみ」と言います』と説明する。
⑤ その他の言葉も、黒板にフラッシュカードを貼りながら、1つ1つ説明していく。
⑥ 『今日出てきたこの七つの言葉って、良い言葉かなぁ』と問いながら、『みんな、幸せになれますか』と語りかける。

教師が意識して使った技

■フラッシュカードで強調する。
■子どもたちの身近な話を例に挙げる。
■難しい言葉をできるだけ易しい言葉で説明する。
■使用する名前を架空のものとする。

子どもたちの実感をより引き出すテクニック

■体験談を話すと、より身近に考えられるようになる。
■意識づけするために、フラッシュカードを教室に掲示しておく。
■いやみ→相手に不快感を抱かせる言葉や態度。
　うらみ→うらむこと。にくいと思うこと。不満足に思うこと。残念に思うこと。
　つらみ→相手の仕打ちをつらいと思う気持。
　ねたみ→ねたむこと。嫉妬。
　そねみ→そねむこと。ねたみ。にくみ。嫉妬。
　さげすみ→さげすむこと。軽蔑。蔑視。
　　　　　　　　　　（上記は、岩波書店『広辞苑』第六版より）
　やっかみ→うらやましく思うこと。ねたましく思うこと。

道徳

学級活動
全学年

掃除道具の扱い方

教育効果

- 正しい道具の使い方が身につく。
- 道具を大切にする力がつく。
- 掃除を一生懸命にするようになる。
- 次に使う人のことを考えられるようになる。

―― **準備の手順** ――

① 乱れた掃除用具箱の中を写真で撮っておく。
② バラバラにかけられた雑巾の写真を撮っておく。
③ 傷んだほうきと新しいほうきを準備する。
④ 汚れた雑巾と新しい雑巾を準備する。

―― **授業の流れ** ――

① 『この写真を見て,気づくことはありますか』と教師は言いながら,乱れた掃除用具箱の中の写真を見せる。
② 『次に,この写真を見て,気づくことはありますか』と言いながら,バラバラにかけられた雑巾の写真を見せる。
③ 『2つの写真に共通することは,何でしょう』と問い,子どもたちに考えさせる。子ども「バラバラ」「汚い」「向きがむちゃくちゃ」。
④ 『では,どうすれば良いですか』と問い,さらに『きれいに並んでいると,どうして良いのですか』と問う。
⑤ 『次の人が使うときに使いやすかったり,きちんと並んでいれば美しく見えたりしますよね』
⑥ 『今日は正しいほうきの使い方と雑巾の使い方を伝えますね』と言

いながら，ほうきの持ち方，掃き方，雑巾を使っての拭き方を子どもたちの目の前でやってみる。
⑦ 『では，皆さんもやってみましょう』と声をかけ，子どもたちに使わせてみる。

教師が意識して使った技

■写真を使って，見える化。
■実際にやってみて，見せる化。
■実際に使ってみて，体験活動。
■できていないこととできていることを比較すること。

子どもたちの実感をより引き出すテクニック

■子どもたちの手で掃除用具箱を整理させる。
■雑巾をきれいに洗うと，汚れがどれくらい落ちるのかを体験させる。
■掃かない，一度掃き，二度掃きとして，床の汚れを手で確認させる。
　（ざらざらしている　→　つるつるすべすべになる）
■どう掃けば，うまく力を入れて掃けるのか，どう拭けば，きれいに拭けるのかを体験させる。
■100円ショップに売っているクリーナーを使い，机の上を拭かせ，汚れを見える化する。
■掃除の極意を伝える。
　（黙働・立腰・観察・全力・協力・時間厳守・精度上昇）

著者紹介

●中條佳記
　1977年奈良県生まれ。奈良県王寺町立王寺南小学校勤務。お笑い教師同盟に所属し，教育サークル「MY KOHAN」奈良事務局を担当する。
　主な編著書『コピーして使える授業を盛り上げる教科別ワークシート集〈中学年〉』（中村健一共編著）。なお中村健一氏による編著書『子どもも先生も思いっきり笑える爆笑授業の作り方72』『学級担任に絶対必要な「フォロー」の技術』『子どもの表現力を磨くおもしろ国語道場』『めっちゃ楽しく学べる算数のネタ73』『子どもが大喜びで先生もうれしい！　学校のはじめとおわりのネタ108』（以上，黎明書房）にも協力。
　ソフトテニスと和太鼓をこよなく愛する37歳。

イラスト●伊東美貴

子どもの実感を引き出す授業の鉄板ネタ54

2014年8月1日　初版発行

著　者	中　條　佳　記
発行者	武　馬　久仁裕
印　刷	株式会社　一誠社
製　本	協栄製本工業株式会社

発行所　株式会社　黎明書房

〒460-0002　名古屋市中区丸の内3-6-27 EBSビル　☎052-962-3045
　　　　　　振替・00880-1-59001　FAX052-951-9065
〒101-0047　東京連絡所・千代田区内神田1-4-9 松苗ビル4F
　　　　　　☎03-3268-3470

落丁本・乱丁本はお取替します。　　　　　　　ISBN978-4-654-01903-8
ⒸY. Nakajo 2014, Printed in Japan

中條佳記・土作彰・島田幸夫・中村健一編著　　　B5・各79頁　各1800円
コピーして使える
授業を盛り上げる教科別ワークシート集（全3巻）

小学校の授業の導入や学級づくりに役立つ，めっちゃ楽しい国語・算数・生活・理科・社会・学活のワークシート集。コピーして何度でも使えます。子どもたちのモチベーションを高める「エライ！　シール」付き。
(低学年) ダジャレ五・七・五／言いまちがいをしらべよう！／他，計36種。
(中学年) 根，くき，葉，どこを食べる？／地図記号すごろく／他，計35種。
(高学年) おもしろ音読教材／正方形が見える？／企画提案書／他，計35種。

中村健一編著　　　　　　　　　　　　　　　　　　四六・155頁　1600円
学級担任に絶対必要な「フォロー」の技術

発問や指示だけでは動けない今どきの子どもを的確に動かし，子どもが本来持っている力を十分に引き出す新しい教育技術「フォロー」の技術を紹介。「フォロー」6つの基本／困った子への「フォロー」実践事例集／他。

中村健一編著　　　　　　　　　　　　　　　　　　A5・127頁　1700円
子どもが大喜びで先生もうれしい！
学校のはじめとおわりのネタ108

1年間，1日，授業，6年間の「はじめ」と「おわり」にこだわった，子どもたちが6年間を楽しく過ごすための，飽きさせない工夫がいっぱい。

中村健一著　　　　　　　　　　　　　　　　　　　A5・133頁　1700円
子どもの表現力を磨くおもしろ国語道場

なぞかけ，ダジャレ五・七・五，楽しい回文や言い間違いなど，子どもが喜ぶおもしろクイズとクイズの作り方を紹介。受け身では身につかない，表現する力を鍛えます。言葉って楽しい！　と国語の授業にのめりこみます。

中村健一著　　　　　　　　　　　　　　　　　　　B5・62頁　1650円
クラスを「つなげる」ミニゲーム集ＢＥＳＴ55＋α

クラスをたちまち1つにし，先生の指示に従うこと，ルールを守ることを子どもたちに学ばせる，最高に楽しくておもしろい，今どきの子どもたちに大好評のゲーム55種を厳選。2色刷。

中村健一編著　　　　　　　　　　　　　　　　　　A5・122頁　2000円
厳選102アイテム！
クラスを「つなげる」ネタ大辞典

教師と子ども，子どもと子ども，教師と保護者，教師と職員室を「つなげる」ネタが満載の一冊！　本書を使って，素敵なクラスを作ってください。

表示価格は本体価格です。別途消費税がかかります。

■ホームページでは，新刊案内など，小社刊行物の詳細な情報を提供しております。「総合目録」もダウンロードできます。http://www.reimei-shobo.com/

堀裕嗣・多賀一郎・中村健一・長瀬拓也著　　　　A5・125頁　1900円
一流教師が読み解く
教師力アップ！　堀裕嗣・渾身のツイート30
　　教師力の向上を確実にもたらす実力派スター教師，堀裕嗣の教育ツイートを
　　一流教師，多賀一郎，中村健一，長瀬拓也が読み解く。

中村健一著　　　　　　　　　　　　　　　　　　A5・171頁　2200円
つまらない普通の授業に子どもを無理矢理乗せてしまう方法
　　準備をしなくても，年間1000時間の授業に子どもたちを飽きさせず，軽々と
　　乗せてしまう教育技術のすべてを紹介。「重たい空気」を調整する「ツカミ
　　型導入」／どんどん「声出し」させる方法／授業を簡単なゲームにする／他。

中村健一編著　　　　　　　　　　　　　　　　　B5・87頁　1900円
担任必携！　学級づくり作戦ノート
　　学級づくりを成功させるポイントは最初の1ヵ月！　例を見て書き込むだけ
　　で，最初の1ヵ月を必ず成功させる作戦が誰でも立てられます。作戦ノート
　　さえあれば，学級担任のつくりたいクラスにすることができます。

中村健一著　　　　　　　　　　　　　　　　　　A5・158頁　1800円
教室に笑顔があふれる中村健一の安心感のある学級づくり
　　教育の達人に学ぶ②　子どもたちの心をツカむ，「お笑い」「フォロー」「厳
　　しく叱る」で笑顔あふれる学級をつくる，中村式学級経営法を紹介。さらに，
　　「当たり前のことを当たり前にさせる大切さ」についても詳しく語ります。

中村健一著　　　　　　　　　　　　　　　　　　B5・78頁　1700円
楽しく学べる川柳＆俳句づくりワークシート
　　教師はコピーして配るだけ。子どもはワークシートに書き込むだけ。川柳か
　　ら入る指導法で俳句はメキメキ上達。「教室流・簡単句会」のやり方も紹介。
　　俳句の授業はこれでOK！

阿部隆幸・中村健一著　　　　　　　　　　　　　B5・各79頁　各1700円
歴史壁面クイズで楽しく学ぼう（全3巻）
　　①縄文時代〜平安時代　②鎌倉時代〜江戸時代　③明治時代〜平成／歴史を
　　学び始めた子どもたちも楽しめる歴史クイズ。コピーして貼るだけで，掲示
　　物に使え，①〜③巻あわせれば，毎日貼り替えても1年間使えます。

多賀一郎・石川晋著　　　　　　　　　　　　　　A5上製・153頁　2200円
教室からの声を聞け
　　西と北の実力派教師2人が，子どもの声を聞き理想の教室をつくる道筋を，
　　子どもの本音を聞き取る方法，いじめや体罰，2人が長年続けてきた読み聞
　　かせ等について語り合う中で明らかにする。現場教師必読の対談と論考。

　　　　　　　　　　　　　　　表示価格は本体価格です。別途消費税がかかります。

多賀一郎著　　　　　　　　　　　　　　　　A5・138頁　2100円
一冊の本が学級を変える
クラス全員が成長する「本の教育」の進め方

本の力を活かす「読み聞かせ」のノウハウや，子どもを本好きにするレシピ，子どもの心を育む本の選び方などを紹介した初めての「本の教育」の本。

多賀一郎著　　　　　　　　　　　　　　　　A5・147頁　1900円
全員を聞く子どもにする教室の作り方

人の話をきちっと聞けないクラスは，学級崩壊の危険度が高いクラスです。反対に人の話を聞けるクラスにすれば，学級も授業も飛躍的によくなります。聞く子どもの育て方を，具体的に順序だてて初めて紹介した本。

多賀一郎著　　　　　　　　　　　　　　　　A5・134頁　1700円
子どもの心をゆさぶる多賀一郎の国語の授業の作り方

教育の達人に学ぶ①　達人教師が，子どもの目がきらきら輝く教材研究の仕方や，発問，板書の仕方などを詳述。また，学級で困っていることに対して大きな力を発揮する，本を使った学級教育のあり方を紹介。

桜田恵美子著　　　　　　　　　　　　　　　A5・136頁　2100円
絵本で素敵な学級づくり・授業づくり

学級開きに読む絵本や各教科に興味をもたせる絵本，行事にあわせた絵本など小学校で役立つ絵本100余を効果的に使うためのメソッドを紹介。絵本の力で，学級づくりを円滑に進めることができます。

土作彰著　　　　　　　　　　　　　　　　　A5・125頁　2000円
授業づくりで学級づくり

子どもたちが「このクラスの仲間と一緒に学べて良かった！」と思える，学級づくりを意識した授業づくりのノウハウを，国語・社会・算数・理科・体育・給食の実践を通して紹介。

蔵満逸司著　　　　　　　　　　　　　　　　B5・86頁　1900円
特別支援教育を意識した
小学校の授業づくり・板書・ノート指導

一人ひとりの子どもの個性を踏まえたユニバーサルデザインによる指導の実際を，授業づくり，板書，ノート指導の具体的な場面に即して詳しく解説。

蔵満逸司著　　　　　　　　　　　　　　　　B5・102頁　2000円
子どもも保護者も愛読者にする
小学校1・2・3年の楽しい学級通信のアイデア48

子どもとの距離がぐっと近づく学級通信を48種紹介。作成手順や具体例，コピーして使えるワークシートを掲載。『小学校4・5・6年編』もあります。

表示価格は本体価格です。別途消費税がかかります。

| 中村健一著 | B6・94頁　1200円 |

子どもも先生も思いっきり笑える73のネタ大放出！

教師のための携帯ブックス①／本書を使って，「笑い」で子どもたちの心をつかみ，子どもたちが安心して自分の力を発揮できる教室をつくりましょう。

| 蔵満逸司・中村健一著 | B6・93頁　1200円 |

42の出題パターンで楽しむ痛快社会科クイズ608

教師のための携帯ブックス③／子どもたちが思わず笑って覚えてしまう社会科のクイズ608と，授業を盛り上げる愉快なクイズの出し方42種を紹介。

| 土作 彰・中村健一著 | B6・93頁　1200円 |

42の出題パターンで楽しむ痛快理科クイズ660

教師のための携帯ブックス⑤／子どもたちをあっという間に授業に引き込む，教科書内容を押さえた理科クイズとクイズの出し方を言葉掛け付きで紹介。

| 中村健一編著 | B6・94頁　1200円 |

思いっきり笑える爆笑クラスの作り方12ヵ月

教師のための携帯ブックス⑥／学級開きやお楽しみ会・学芸会など，「お笑い」の要素をふんだんに取り入れた行事で，1年中クラスを盛り上げよう。

| 蔵満逸司・中村健一著 | B6・95頁　1200円 |

クイズの出し方大辞典付き笑って楽しむ体育クイズ417

教師のための携帯ブックス⑦／水泳，ドッジボール，けがの予防，エイズ等，競技から保健分野までのクイズ417問。体育の授業がますます充実！

| 中村健一編著 | B6・94頁　1200円 |

子どもも先生も思いっきり笑える爆笑授業の作り方72

教師のための携帯ブックス⑧／スーパーお笑い教師・中村先生の「お笑い」シリーズ最高傑作！　毎日の授業を楽しくするネタ満載。何度でも使えます。

| 中村健一編著 | B6・96頁　1300円 |

めっちゃ楽しく学べる算数のネタ73

教師のための携帯ブックス⑩／算数が苦手な子も得意な子も飽きさせない！子どもが喜ぶ算数のネタを，低学年・中学年・高学年・全学年に分け紹介。

| 多賀一郎・中村健一著 | B6・96頁　1300円 |

教室で家庭でめっちゃ楽しく学べる国語のネタ63

教師のための携帯ブックス⑪／短い時間でパッとでき，楽しみながら国語の言語感覚を磨けるクイズやゲーム，パズル，ちょっとした話などを紹介。

表示価格は本体価格です。別途消費税がかかります。